L'ANACHARSIS

INDIEN.

PARIS, DECOURCHANT, IMPRIMEUR,
1, RUE D'ERFURTH.

Dégradante vénération pour les Singes.
Pag. 245.

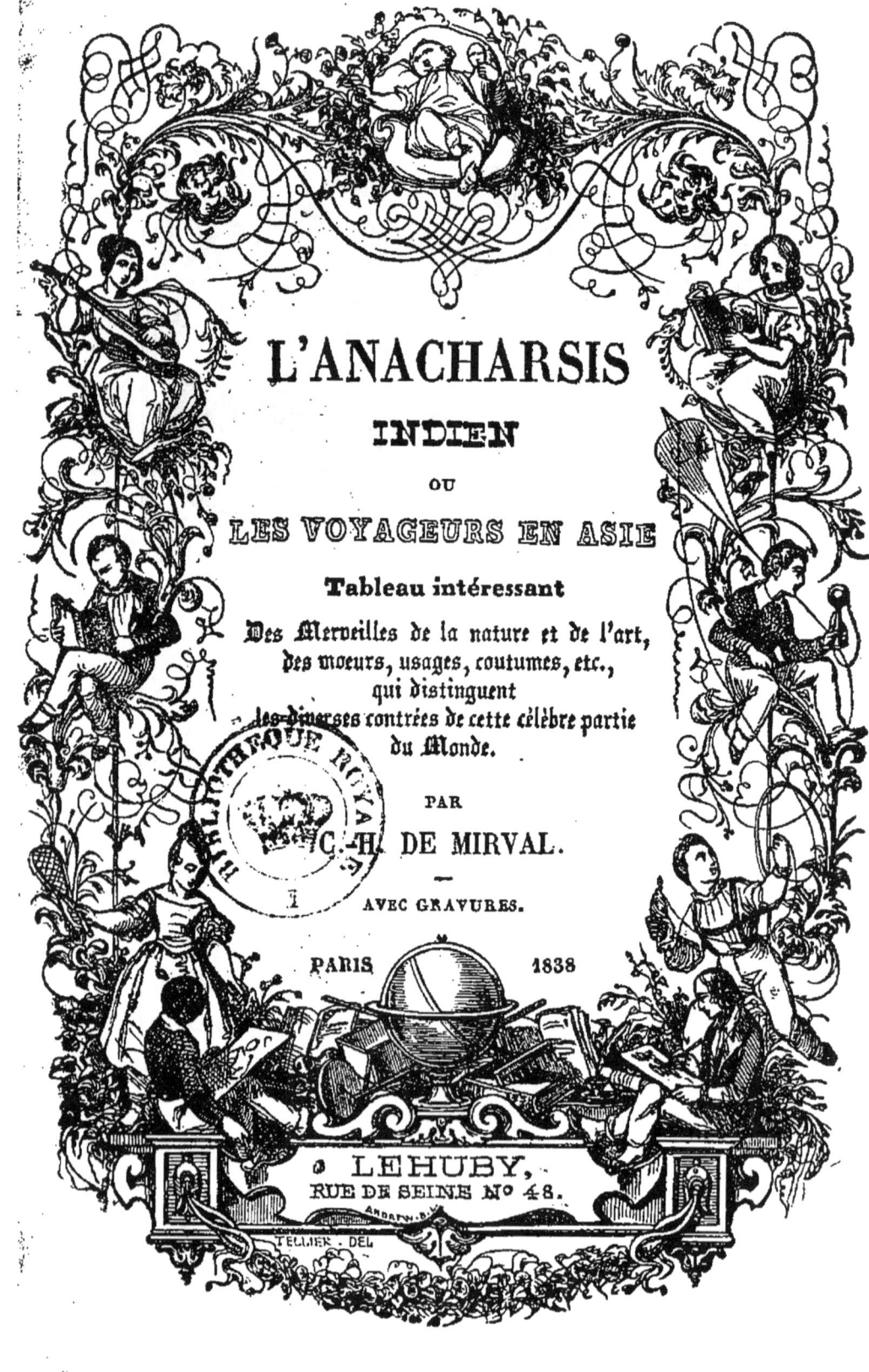

L'ANACHARSIS

INDIEN,

OU

LES VOYAGEURS EN ASIE.

INTRODUCTION.

Détails sur la ville de Calcutta; ses habitants et quelques-uns de ses usages.

M. Wilson, négociant anglais, avait fait une fortune considérable dans l'Inde. Tout souriait à ses vœux; les chances heureuses de son commerce avaient tellement accru ses richesses, que son ambition eût été déraisonnable s'il eût été animé du désir d'en acquérir davantage. Il avait appris, par de nombreux exemples, que souvent on perd tout en voulant tout gagner; et, bien pénétré de la sagesse de cette maxime, désireux d'ailleurs de goûter quelque repos et d'aller respirer l'air natal, il se proposait de repasser les mers et de venir couler le reste de son existence dans les environs de Londres, où il possédait de belles propriétés.

Mais le Ciel en disposa autrement. M. Wilson eut le malheur de perdre subitement son épouse qu'il chérissait ; c'était principalement pour lui complaire qu'il avait formé le projet de retourner en Angleterre. Quand, par cette mort funeste et douloureuse, il vit tous ses rêves de bonheur évanouis comme des ombres, il changea de résolution.

Il lui restait un fils unique, nommé Francis, jeune homme âgé de quinze ans environ, dont les excellentes qualités s'étaient développées à l'aide d'une éducation soignée. Francis était inconsolable de la perte de sa mère, qui l'avait élevé et fait instruire sous ses yeux. Sans cesse il regrettait amèrement la perte de cette amie de son enfance ; ses pleurs, qu'il cherchait vainement à cacher, augmentaient la douleur de M. Wilson, et y ajoutaient encore l'inquiétude et la crainte de voir fondre sur lui une calamité nouvelle ; car la santé de son fils dépérissait à vue d'œil ; une tristesse morne, qui décelait la souffrance, était empreinte sur ses traits ; il était impossible de l'arracher à ses rêveries mélancoliques; il évitait toute espèce de conversation où il n'était point question de sa mère, et semblait ne vouloir vivre que pour gémir de sa mort prématurée.

Les hommes de l'art, consultés sur le fâcheux état de Francis, qui était le résultat d'une peine morale opiniâtre autant que profonde, conseillèrent à M. Wilson de faire voyager ce jeune homme, afin de dissiper, par la distraction de scènes variées, ses tristes et funestes préoccupations. M. Wilson accueillit avec empressement ce conseil, qui lui offrait, outre le moyen de faire renaître le calme dans l'esprit de son fils, une occasion favorable de perfectionner son éducation par l'expérience des voyages qui lui manquait absolument; car Francis n'était jamais sorti de Calcutta, où il avait reçu le jour.

Calcutta est, comme on sait, la capitale du Bengale et de toutes les Indes orientales britanniques; elle est située sur le bras occidental du Hougly, qui lui-même est un embranchement du Gange, et dans lequel les navires de la plus grande dimension peuvent remonter jusqu'à la ville. La navigation n'y est cependant pas sans danger, à cause d'un grand nombre de bancs de sable, qui changent continuellement de position et d'étendue. Ce n'est que dans le courant du siècle dernier que Calcutta, qui n'était qu'un petit village est parvenue au degré de développement qu'on lui voit aujourd'hui. Son étendue et la magnificence des édifices qui décorent le quartier habité par les Européens la rendent parfaitement digne d'être le siége du gouvernement anglais en Orient. On peut même dire qu'elle est une des plus belles villes du monde. En y comprenant la population des villages groupés autour d'elle, on peut y compter sept à huit cent mille âmes.

A Calcutta, les maisons des Anglais forment un quartier séparé ; c'était celui qu'habitait M. Wilson. Elles sont bâties en briques, d'une belle architecture, et semblent autant de palais pour la plupart. A cause de la chaleur du climat, elles ne se touchent point; les chambres sont spacieuses et aérées, les toits en terrasse, et chacune d'elles est entourée d'une colonnade qu'on nomme *vérandah*. Le nouvel hôtel du gouvernement, situé dans la partie occidentale de la ville, est d'une magnificence si extraordinaire qu'on pourrait le prendre pour une merveille des *Mille et une Nuits*. Les autres édifices publics remarquables de Calcutta sont le Palais-de-Justice, l'église Anglaise et l'église Arménienne. Dans le milieu de la ville, il existe une vaste citerne qui fournit de l'eau aux habitants pendant les chaleurs de l'été, lorsque celle du fleuve s'est corrompue.

Achevons de faire connaître au lecteur cette grande cité moderne de l'Asie. La *Peltah*, ou la ville noire, habitée par les indigènes, est composée de rues étroites et sinueuses; quelques-unes seulement sont pavées. On y rencontre beaucoup de jardins et de citernes. Les maisons sont bâties en briques et en terre glaise; mais la plus grande partie est construite avec des bambous et des nattes de paille : elles ressemblent aux cabanes des plus pauvres paysans d'Europe. Calcutta est l'entrepôt du Bengale, et le canal qui porte à l'Europe les richesses des provinces intérieures de l'Hindoustan. Son port renferme des navires de toutes les nations, et l'activité commerciale y est très-grande. Sur l'emplacement du fameux *Trou noir* est aujourd'hui un magasin. Dans la guerre que les Anglais eurent à soutenir dans le siècle dernier contre Mohammed-Seradj-Eddaulah, celui-ci vint attaquer Calcutta, qui se rendit presque aussitôt. Cent quarante-six Anglais, n'ayant pu se sauver, furent renfermés provisoirement dans une salle basse, appelée depuis le *Trou noir*, et éclairée seulement par deux lucarnes grillées. Ils y furent tellement entassés que le manque d'air et de mouvement, la chaleur et la soif, avaient fait périr cent vingt-trois de ces malheureux, lorsqu'on vint délivrer les autres le lendemain. Voilà l'origine de ce nom historique du *Trou noir*.

Parmi les usages de Calcutta, il en est qui sont dignes de remarque. On a, en général, coutume de se lever de très-bonne heure, pour jouir de la fraîcheur de l'air, qui est délicieux avant le lever du soleil. A midi, on fait un déjeuner chaud, puis on se remet au lit pour deux ou trois heures. On dîne ordinairement entre sept et huit heures. Le temps qui s'écoule entre le coucher du soleil et l'heure du dîner est le moment de la promenade. A la nuit, les porte-flambeaux, qu'on nomme *mussalchys*, vont à la rencontre de leurs maîtres, en avant desquels ils courent au retour en faisant huit milles à l'heure. Le grand nombre de flambeaux qui est alors en mouvement le long de l'esplanade produit un effet aussi agréable que singulier. On se sert le plus souvent de palanquins pour voyager; cependant la plupart des gens riches ont des carrosses qui sont appropriés au climat. Les Hindous, même lorsqu'ils sont riches, conservent des habitudes de la plus stricte économie; leurs maisons et leurs magasins sont dans le plus mauvais état. Ils ne se permettent quelques dépenses extraordinaires que dans leurs grandes fêtes et leurs fiançailles. Ils se rassemblent alors sous des baldaquins illuminés avec magnificence, répandent avec profusion des essences de rose et des eaux de senteur, et mangent des pâtisseries et des sucreries dans des vases d'or, tandis que des jeunes filles chantent devant eux, ou exécutent quelque pantomime.

Le commerce de détail est entre les mains des Banians et des Sarkas, qui se donnent des peines incroyables pour faire leurs achats à bon compte, et se permettent toutes sortes de ruses et d'intrigues pour tromper les acheteurs. Ce genre d'escroquerie, qui, dans nos sociétés européennes, serait condamné hautement et avec raison, reçoit au contraire des éloges et des encouragements de la part des naturels de Calcutta. Il existe dans cette ville une foule d'établissements pour l'entretien des classes nécessiteuses. On distingue, entre autres, un hôpital pour les indigènes qui ont besoin des secours de la médecine, des écoles pour les orphelins dont les pères ont servi la Compagnie des Indes, et d'autres établissements d'instruction publique gratuite.

Tels sont les principaux traits qui caractérisent la ville dans laquelle le jeune Francis avait passé les quinze années de sa vie. Il ne s'en était jamais éloigné que pour aller dans l'île charmante de Garden-Reach, séjour d'été des riches Anglais, et dans laquelle se trouve le Jardin botanique de la Compagnie des Indes, le premier des établissements de ce genre, et singulièrement remarquable par le nombre et la variété des plantes qu'il renferme.

Dans la disposition d'esprit où il se trouvait, Francis ne témoigna ni répugnance ni satisfaction, lorsque son père lui annonça qu'ils allaient faire ensemble un voyage en Asie. Ce n'était point chez lui indifférence naturelle : dans tout autre temps, il eût appris cette nouvelle avec la plus vive satisfaction, tant il avait à cœur de s'instruire de toutes les choses qu'il ignorait. Mais, en ce moment, le souvenir encore récent de la perte de sa mère pesait douloureusement sur son cœur. Cependant il remercia son père avec affection, en lui pressant les mains, et lui dit qu'il serait très-bien partout où il se trouverait près de lui.

M. Wilson, ayant donc mis ordre à ses affaires pour que rien ne souffrît de son absence, régla les préparatifs de son départ. Sa fortune immense lui permettait d'emmener une suite assez nombreuse : il se fit donc accompagner de dix ou douze esclaves et de plusieurs domestiques anglais qui avaient sa confiance. Des chevaux de selle marchaient à la suite des voitures ; de sorte que le tout composait une petite caravane qui ne laissait pas d'être imposante, car chacun de ces hommes était armé.

Rien n'arrêtait plus M. Wilson; Francis lui-même paraissait sortir un peu, par instants, de son apathique mélancolie. On partit.

CHAPITRE PREMIER.

Villes du Bengale. — Bénarès. — Bains d'Orient. — Trombe épouvantable. — Description de Bénarès. — Pénitences des fanatiques hindous. — Extravagances religieuses des Sunnyas. — Jongleurs indiens. — Tours d'adresse prodigieux. — Brahmine qui se soutient en l'air.

Durant les premiers jours de ce voyage, on ne remarqua que peu de changement dans la manière d'être de Francis; mais, peu à peu, la vue de toutes les choses nouvelles qui se succédaient à ses regards, comme dans un immense panorama, finit par éveiller sa curiosité; et bientôt, ainsi que le lui avaient fait espérer les hommes de l'art, M. Wilson eut la vive satisfaction de se convaincre que la distraction, loin d'importuner son cher Francis, avait de jour en jour plus de prise sur lui.

M. Wilson se proposait de parcourir d'abord toute cette vaste contrée de l'Inde qu'on nomme le Gangistan, parce qu'elle est arrosée par le fleuve du Gange, et qui fait partie de la presqu'île occidentale qui a été appelée l'Hindoustan. Cette grande tournée devait naturellement commencer par le Bengale.

On passa successivement dans plusieurs villes qui n'arrêtèrent pas longtemps nos voyageurs : Serampour, sur l'Hougly, ville bien bâtie, avec des maisons anglaises, un château et des missions; Chandernagor, où l'on trouve de beaux édifices; Rajemalh, grande ville auprès du Gange, avec de belles ruines de palais; Pourouah, défendue par un château fort; Cassembazar, située dans une belle contrée couverte de mûriers, et où se fabriquent de belles soieries. La plupart des villes du Bengale, étant sous la dépendance immédiate du gouvernement général des possessions anglaises dans cette contrée, offraient partout en petit à peu près le même spectacle que Calcutta. Aussi M. Wilson se hâta-t-il de gagner le Bahar ou Béhar, pays également situé sur le bord du Gange, et renommé pour ses diamants.

Nos voyageurs s'arrêtèrent à Bénarès, ancienne ville, fameuse par ses belles pagodes, et dont le climat est délicieux. Ils logèrent dans une hôtellerie, qui était le principal rendez-vous des marchands étrangers, lors de la grande foire qui a lieu tous les ans dans cette ville pour les bijoux et les pierreries. On leur offrit d'abord de prendre un bain, ce qu'ils acceptèrent très-volontiers pour se délasser de la fatigue de la journée, que le poids d'une chaleur accablante leur avait fait sentir doublement.

Ce bain consistait en deux salles au fond d'un très-beau pavillon construit dans un jardin, et au-devant duquel il y avait un bassin rempli d'eau. Ces salles sont ordinairement échauffées par des tuyaux qui courent sous le parquet. Trois des côtés de la première salle ont chacun une fontaine placée dans une niche oblongue, et d'où il sort, soit de l'eau chaude, soit de l'eau froide. L'entrée de la seconde salle est percée dans le quatrième côté. A chaque coin est un pilier d'où partent des arcs qui soutiennent une coupole. Le tout est ordinairement enduit d'un très-beau stuc blanc, dont les ornements sont en noir, pour répondre au parquet qui est en marbre blanc, sur lequel se dessine une mosaïque rouge et noire. Quand on passe dans la seconde salle, on éprouve une chaleur si forte, qu'on en est suffoqué. Cette salle est construite de même que la précédente, excepté qu'il y a sur le devant un bassin élevé de cinq pieds au-dessus du sol et rempli d'eau chaude, tandis que sur la droite il y en a un semblable dans le parquet. Des fontaines jaillissent au milieu de la salle; et comme l'eau en est bien moins chaude que le marbre sur lequel on est placé, l'effet en est très-agréable. Cette pièce est construite en pierre rouge, et un lambris de la même couleur s'élève à hauteur d'appui.

M. Wilson et son fils trouvèrent dans les bains des hommes qui ont une singulière occupation. Ceux-ci les étendirent sur le parquet, les frottèrent avec de la pierre ponce, leur pétrirent la peau, leur mirent les mains dans des sacs de moire, puis les frottèrent de nouveau, jusqu'à ce que les pores fussent dégagés de tout ce qu'ils pouvaient contenir d'impur. Cela fait, on les enduisit d'une composition d'argile et d'huile parfumée. On nettoya leurs cheveux avec une pâte composée de farine et de plusieurs autres substances; on les fit entrer ensuite dans un des bassins de marbre, où ils se lavèrent, et quand ils sortirent de l'eau, ils reçurent sur le corps des étoffes chauffées, et passèrent dans la première pièce pour se préparer au grand air.

L'usage des bains chauds est général dans l'Orient, et ils sont très-rafraîchissants. Ils donnent à la peau une souplesse et une sensation de fraîcheur qui causent une surprise agréable; ils tiennent les pores ouverts, avantage inappréciable sous un climat brûlant, où une transpiration excessivement abondante laisse des impuretés sur le corps.

Nous avons dit que la chaleur était étouffante le jour de l'arrivée de nos voyageurs à Bénarès. Aussi, en sortant du bain, se retirèrent-ils dans les appartements pour y goûter quelques heures de repos. Tous deux étaient couchés sur des tapis, non loin d'une fenêtre qui donnait sur une terrasse, lorsque soudain leur attention fut éveillée par une lueur rapide qu'accompagna aussitôt le bruit du tonnerre roulant dans le lointain. Le vent, qui avait soufflé de l'est, était entièrement tombé. Un nuage d'un blanc très-sombre, qui vint de l'ouest, couvrit bientôt le ciel; le tonnerre ne grondait pas très-fort, et un calme parfait régnait dans l'air; cependant les oiseaux volaient très-haut et poussaient des cris d'effroi.

A la fin, un nuage d'un brun foncé parut à l'ouest, et s'avança avec beaucoup de rapidité. Toute la ville de Bénarès, avec ses nombreux clochers, qu'on nomme minarets, se dessinait sur ce nuage qui en était encore éloigné, et qui offrait une étrange perspective. Lorsqu'il fut à la distance d'un mille, on eût dit de vastes amas de fumée qui se seraient élevés successivement, et à une grande hauteur, du milieu d'un grand incendie. En s'approchant, il prenait une teinte rougeâtre et obscurcissait le jour autour de lui. Cependant l'air continuait à n'éprouver aucune agitation dans l'intérieur de la ville.

Mais tout à coup le nuage et les vents arrivèrent en même temps avec un grand bruit et une telle violence, que M. Wilson et son fils, bien que très-curieux d'examiner ce phénomène, furent obligés de se réfugier dans une pièce exposée au levant, où la poussière chassée avec impétuosité ne tarda pas à les poursuivre. L'obscurité redoublant de moment en moment, bientôt une nuit complète remplaça la clarté du jour. Le vent tournait alors un peu vers le sud; la tempête s'accrut avec une force dix fois plus grande; partout l'atmosphère était envahi par une poussière étouffante. Le vent, en soufflant avec fureur entre les arbres et les édifices, produisait un sifflement tel, que le bruit du tonnerre ne se faisait plus entendre. Durant dix minutes, on resta plongé dans une profonde obscurité; mais les ténèbres s'étant dissipées par degrés, laissèrent voir une lueur d'un rouge effrayant, comme dans un violent incendie. Alors il tomba des torrents de pluie, et le vent passa entièrement au sud.

Au bout d'une heure, le temps commença à s'éclaircir, le siphon [1] se porta à l'ouest, et le vent y tourna aussitôt. L'air était de la plus grande fraîcheur et dégagé de poussière. Quoique les

---

[1] Le siphon n'est autre que ces sortes de tourbillons orageux que l'on nomme vulgairement trombes, et qui entraînent tout sur leur passage, soit sur terre, soit sur mer.

portes et les fenêtres fussent fermées et garnies en dehors par une espèce de treillage, il y avait une couche de sable dans les appartements. Cet ouragan était un des plus terribles qu'on eût essuyés à Bénarès. La longue durée de la sécheresse avait tellement pulvérisé le sol et détruit si complétement la végétation sur les terres sablonneuses, que le siphon apporta plus de sable que de coutume : c'était l'unique cause de la nuit profonde dont on avait été enveloppé. M. Wilson, qui cependant avait beaucoup voyagé, avoua qu'il n'avait jamais vu de spectacle plus terrible ni plus imposant que celui que venait d'offrir ce phénomène, qui avait réellement quelque chose de plus effrayant qu'une tempête en pleine mer.

Le lendemain, Francis, accompagné de plusieurs de ses gens, commença à parcourir la ville de Bénarès, dont la population s'élève à plus de six cent mille habitants, et qui est en quelque sorte la métropole de la religion des Brahmes.

Les rues de cette ville sont extrêmement étroites. Les maisons, bâties en pierres de taille, ont des toits en terrasse et se touchent les unes les autres. On en voit qui ont jusqu'à six étages. Elles sont jointes d'une manière bizarre, et l'architecture en est fort extraordinaire. Chaque étage est séparé par des sculptures qui ne sont pas mal exécutées, et qui s'étendent sur une ligne horizontale. Le grand volume des pierres qui composent les murailles et la manière dont elles sont jointes, attestent que les Hindous s'entendent en maçonnerie. Les fenêtres sont très-petites, pour que les personnes qui logent en face ne puissent voir ce qui se passe dans l'appartement, et aussi pour entretenir la fraîcheur dans les maisons durant les vents chauds.

L'architecture européenne ne conviendrait nullement au climat de l'Inde. Des fenêtres larges seraient fort incommodes dans ce pays sans les tattys qu'on applique facilement aux maisons peu élevées, et qui sont des espèces d'écrans composés de treillis de racines d'herbes odoriférantes. Ces tattys sont en dehors des fenêtres, et les domestiques jettent continuellement de l'eau dessus, ce qui est un excellent moyen de rafraîchir l'air; mais l'usage de ces écrans serait impraticable pour les maisons élevées de six étages et situées au centre de la ville.

Francis ayant remarqué que les fenêtres des maisons bâties hors de la ville étaient beaucoup plus larges que dans l'intérieur de la cité, chercha à se rendre compte de cette différence. Il est rare qu'une coutume généralement adoptée par une nation ne soit pas d'accord ou avec la nécessité ou avec quelques avantages reconnus. Un vieil Hindou lui fit observer que les fenêtres peuvent sans inconvénient être plus larges dans les maisons de campagne, parce qu'il est facile de les rafraîchir par des moyens artificiels, facilité que l'on ne saurait avoir dans les rues étroites de Bénarès.

Les étages supérieurs des maisons n'ont en général que très-peu d'ouvertures pour donner passage à la lumière et à l'air. Les deux côtés de la rue se rapprochent tellement sur quelques pieds, qu'on les réunit par des galeries. Plusieurs maisons neuves sont bâties sur un très-beau plan, et toute la ville a une apparence de prospérité que ne dément point la réalité.

Bénarès est réputé un lieu si saint, que plusieurs princes hindous y ont des habitations où leurs chargés d'affaires résident, et font, au nom de leurs maîtres, les ablutions et les sacrifices prescrits par leur religion. Le nombre des temples érigés en l'honneur des différentes divinités adorées par les habitants de Bénarès est très-considérable ; mais les principaux objets du culte des Hindous sont Wishnou et Mahadeva ainsi que leurs femmes. Il faut quinze jours pour faire les prières et les offrandes à chacun de ces dieux. Le premier jour, les dévots pèlerins se baignent dans le puits sacré de Munkernika, et tous les jours suivants dans le Gange.

Le nombre des partisans de la religion mahométane est dix fois moindre à Bénarès que celui des adorateurs de Brahma. Cependant ils ont une belle mosquée surmontée de minarets, qui domine toute la ville. Le grand-mogol Aureng-Zeb avait fait construire ce temple mahométan pour humilier les naturels de l'Hindoustan. Cette mosquée est située près du Gange; les fondements en ont été jetés dans un terrain sacré où était auparavant une pagode que l'on a démolie pour faire place au temple de Mahomet. La mosquée domine toutes les pagodes, ainsi que toutes les terrasses des maisons sur lesquelles les femmes ont coutume de prendre le frais soir et matin.

Le pays qui environne Bénarès est de la plus grande richesse. Le climat est d'une extrême salubrité. Par suite du voisinage des montagnes du Thibet, qui, en hiver, sont couvertes de neige, le froid y est quelquefois assez vif pour occasionner des gelées blanches et réduire l'eau en glace; mais rien que notre remarque doit faire sentir que l'hiver est une saison bien peu connue dans cette contrée.

M. Wilson et Francis ne pouvaient arriver dans un moment plus opportun à Bénarès pour bien connaître les mœurs du pays. Tous les Hindous étaient fort occupés des solennités religieuses de leur culte; les fêtes se succédaient depuis plusieurs jours sans interruption; les pagodes ne désemplissaient pas.

En suivant les flots de la foule, ils ne manquèrent point de spectacles tous plus singuliers, plus bizarres les uns que les autres. Les avenues de chaque pagode étaient obstruées par un grand nombre de fanatiques, s'imposant volontairement d'étranges pénitences pour se faire remarquer.

On en montra plusieurs à Francis, lesquels vivaient depuis plus de vingt ans dans des cages de fer. D'autres se traînaient chargés de chaînes pesantes. Celui-ci tenait constamment ses poings fermés pour que ses ongles en croissant entrassent dans ses chairs et finissent par percer sa main d'outre en outre. Celui-là se tenait pendu à un arbre, jusqu'à ce que ses bras, privés de sentiment, eussent perdu leur jeu d'articulation. Les uns avaient fait le vœu de se tenir constamment debout, les autres de se coucher sur un lit semé de pointes de fer. D'autres s'étaient condamnés à regarder fixement le soleil à en devenir aveugles.

Quelques-uns de ces misérables insensés s'étaient fait enterrer la tête en bas, de manière que leurs pieds seuls restassent hors du sol, tandis que d'autres, la tête seule hors de terre, n'avaient que le jeu des paupières pour se défendre des mouches et autres insectes. Plusieurs s'étaient coupé eux-mêmes le bras ou la main, quelquefois même la langue. Un de ces pénitents avait mesuré la distance de Bénarès à Jaggernat ou Jagrenat, dont la pagode attire de nombreux pèlerins, en s'étendant par terre et se relevant constamment le long de la route.

On assure, et cela est attesté par des voyageurs dignes de foi, que la démence allait plus loin autrefois. On voyait à Ghazipour une espèce de hache suspendue, sous laquelle quelques pénitents enthousiastes venaient se faire trancher la tête en l'honneur de la Divinité. Les nombreuses communications avec les Européens ont amorti insensiblement cette ferveur délirante.

Les expiations des Hindous sont devenues moins rigoureuses, mais elles sont toujours aussi ridicules. Ce n'est guère qu'à des époques solennelles, et en présence d'un grand concours de monde, qu'ils se dévouent à des risques sérieux; car la vanité entre aussi pour beaucoup dans le fanatisme. L'une de ces expiations est celle de la fête du feu, où les pénitents marchent nu-pieds sur des charbons allumés.

M. Wilson et Francis furent témoins d'une autre expiation qu'on nomme *djampe*, et malgré l'horreur profonde qu'elle leur inspirait, ils voulurent voir par eux-mêmes jusqu'où irait l'extravagance de ces pénitents.

Cette expiation avait lieu au moyen d'un échafaud à deux ou trois étages, du haut duquel les dévots se précipitaient sur des matelas en paille ou en coton, garnis de sabres, de poignards, de couteaux et d'autres instruments tranchants. Les brahmes ou bramines (c'est le nom des prêtres hindous), qui tenaient le matelas, cherchaient à atténuer le danger de la chute ; car ce qui importe, dans cette folle cérémonie, ce n'est pas que la blessure soit mortelle, mais qu'il y ait beaucoup de sang répandu. Aussi les pieds des assistants les plus zélés baignaient-ils dans le sang. Quand le djampe fut fini, on prit le chemin de la pagode, au bruit d'un orchestre étourdissant, et les pénitents jouaient en route avec le feu et le fer, ici se perçant la langue avec une aiguille ; là se traversant les doigts avec du fil de fer ; ailleurs se tailladant le corps de cent vingt blessures, nombre cabalistique, nombre de rigueur. Plusieurs se pratiquaient au-dessus des hanches des ouvertures dans lesquelles ils passaient des cordes, des tuyaux de pipes et des roseaux.

Une chose importante et curieuse à noter, c'est que beaucoup de ces fanatiques, loin d'agir ainsi dans un but personnel, ne font toutes ces prétendues expiations que pour le compte des autres. Si ces mutilations, ces larges entailles qui déchirent horriblement leurs chairs, étaient faites et souffertes à leur intention, on pourrait plaindre cette monomanie religieuse ; mais le côté barbare et atroce de ces scènes publiques, c'est que les pénitents sont pour la plupart de pauvres diables, qui se martyrisent ainsi pour le compte des riches, et moyennant salaire. On donne le nom de *tadins* à ces pénitents de profession.

Sans doute M. Wilson, pendant son long séjour à Calcutta, n'aurait pas manqué d'occasions de connaître à fond les superstitions et le culte des Hindous ; mais alors, tout entier à ses opérations commerciales, il n'avait acquis de toutes ces choses qu'une connaissance bien vague et bien superficielle ; de sorte que tout ce qu'il voyait lui semblait presque entièrement nouveau. Ajoutez à cela que c'est à Bénarès, comme centre de la religion des Hindous, qu'on se trouve placé le plus convenablement pour observer les mœurs et les coutumes de ces peuples.

Au lieu de suivre dans l'intérieur de la pagode les fervents sectateurs de Wishnou, Francis et M. Wilson se laissèrent conduire dans une petite plaine, où les attendait une autre scène non moins extravagante.

Au centre de cette petite plaine, où s'étaient réunis mille à douze cents Hindous, s'élevait un mât qui soutenait à son sommet une longue perche transversale fixée par le milieu. Quelques hommes, pesant sur l'un des bouts de la perche, la tenaient aussi près que possible du sol, tandis que l'autre extrémité se levait en proportion. Francis remarqua avec surprise qu'un corps humain y était suspendu. Ce corps ne tombait point perpendiculairement comme un criminel attaché à une potence; mais il paraissait nager dans l'air, où il agitait librement ses mains et ses jambes.

En approchant du cercle formé par les spectateurs, nos voyageurs découvrirent avec un mouvement d'horreur que ce misérable n'était retenu dans sa position que par deux crocs en fer qui traversaient les chairs. Toutefois rien dans ses manières, ni dans sa physionomie, n'indiquait la souffrance. Cet homme ayant été descendu et décroché, il fut remplacé par un autre *sunnyas*, c'est sous ce nom qu'on désigne cette sorte de fanatiques. On n'employait point la violence pour le conduire au lieu du supplice; et loin de donner des signes de terreur, il s'avança gaiement après s'être prosterné en adoration la face contre terre. Pendant sa prière, un prêtre hindou s'était approché de lui, et avait marqué la place où il fallait enfoncer les crocs; un autre prêtre, après avoir frappé le dos de la victime, l'avait pincé ensuite fortement, tandis qu'un troisième introduisait les crocs avec adresse sous la peau, juste au-dessous de l'omoplate [1]. Cela fait, le sunnyas se releva plein d'assurance, et dès qu'il fut debout, on lui jeta au visage de l'eau préalablement destinée à Sivah, divinité des bords du Gange. On le conduisit alors en cérémonie vers une petite plate-forme où l'on venait de transporter la perche et le mât.

A son approche, il fut salué par de vives acclamations, et le son des tam-tams et des trompettes se mêla aux cris de la foule. Le sunnyas, en montant sur la plate-forme, déchira les guirlandes et les couronnes de fleurs dont on l'avait orné, et les assistants s'en disputèrent les débris, comme s'il se fût agi de reliques précieuses; son vêtement se bornait à un caleçon et à une veste en filet dont les mailles pouvaient avoir un pouce de large. Il portait en outre une bande d'étoffe rayée, comme celle dont tous les Hindous se ceignent les reins.

Nos Anglais et plusieurs autres étrangers, ayant témoigné le désir de voir si l'on avait recours à quelque supercherie, et encouragés d'ailleurs par les Hindous qui, loin d'être choqués de leur présence, paraissaient charmés au contraire de les avoir pour spectateurs, montèrent librement sur l'échafaud et se placèrent de manière à ne rien

---

[1] L'omoplate est un os plat et large qui forme le derrière de l'épaule.

perdre du spectacle. Les crocs, qui étaient d'un acier bien poli, étaient forts comme un hameçon à requins, mais sans barbes, et gros comme le petit doigt d'un homme. Les pointes étant très-aiguës, l'introduction eut lieu sans déchirures, et si adroitement que le sang ne coula point; le sunnyas ne parut même point en ressentir de douleur, et continua de causer avec ceux qui l'entouraient. Aux crocs tenaient de forts fils de coton qui servirent à les attacher à l'une des extrémités de la perche, que l'on abaissa au moyen de cordes disposées à cet effet; et les hommes, placés à l'autre extrémité, l'attirant à eux, le fanatique plana aussitôt au-dessus de toute la multitude.

Pour montrer qu'il était parfaitement maître de lui, il prit dans une gibecière attachée autour de son corps des poignées de fleurs qu'il jeta à la foule, en la saluant de gestes animés et de rires joyeux. Les assistants se jetèrent avec ardeur sur ces saintes reliques; et, pour ne pas faire de jaloux, les hommes placés à la partie inférieure de la perche tournèrent lentement, faisant ainsi planer le sunnyas sur tous les points de la circonférence. Le centre de la perche était fixé dans un double pivot, qui permettait de lui imprimer à volonté un mouvement de bascule ou de rotation. Le fanatique, qui paraissait enchanté de sa situation, fit trois tours dans l'espace de cinq minutes.

Après quoi on le descendit, et les cordes ayant été déliées, il fut ramené à la pagode par les prêtres, au bruit des tam-tams. Là on le décrocha, et d'acteur devenu simple spectateur, il se mêla à la procession qui devait escorter le nouveau patient.

Cette grande fête avait réuni à Bénarès un grand nombre de ces habiles jongleurs indiens, dont on vante partout les tours d'adresse. Les merveilles à l'aide desquelles notre fameux M. Comte enchante les regards de ses admirateurs, ne sont que les essais d'un novice en comparaison des prodiges des artistes de l'Inde. On y voit de jeunes garçons balançant diverses choses sur leur tête, tandis qu'eux-mêmes sont montés sur des bambous qu'on fait tourner continuellement. Plus loin, une femme fait avec des balles, des œufs et des pièces de monnaie, les tours de gobelet si connus dans notre Europe. Ailleurs, un jongleur sème, à tous les regards, de la semence de manguier [1], et soudain on voit sortir de terre l'arbre qui croît de moment en moment, et porte des fleurs et des fruits en une demi-heure de temps.

Mais il y avait des choses bien plus surpre-

[1] Le manguier est un arbre grand et chargé de feuilles, dont le fruit, nommé *mangue*, en forme de cœur, sert d'aliment, soit cru, soit macéré dans le vin. Il croît principalement au Malabar et au Bengale.

nantes à voir. Une jeune femme, faisant partie d'une de ces troupes de jongleurs, fixa sur sa tête un bandeau roide et fort, d'où partaient, à distances égales, vingt cordons de même longueur, ayant chacun un nœud à leur extrémité. Sous son bras, elle portait un panier, dans lequel vingt œufs de poule étaient disposés avec soin. Le panier, le bandeau, les œufs passèrent sous les yeux des spectateurs, afin que ceux-ci fussent bien assurés qu'il n'y avait point de tricherie. Il faisait grand jour ; chacun pouvait par conséquent examiner et toucher le panier, les œufs et les cordons.

Après cette formalité, la femme se plaça à quelques pas de la multitude, et se prit à tourner sur elle-même dans un espace de dix-huit pouces de diamètre, et cela avec un mouvement de rotation si accéléré, qu'on eût dit une toupie en jeu. En la regardant fixement, il y avait de quoi avoir des vertiges. Quand elle en fut au dernier degré de vitesse, elle ramena un des cordons qui formaient une sorte d'auréole autour d'elle, et y plaça un œuf, puis le laissa échapper. Tour à tour les vingt nœuds furent garnis de la sorte, sans que le mouvement de rotation se ralentît ; puis, elle reprit tous ces cordons un à un, les dénoua et les remit dans le panier. Cela fait, elle s'arrêta court, immobile comme une statue, sans mouvoir aucun muscle, sans donner le moindre signe de vie. Sa contenance était calme, sans trace d'émotion, malgré la violence extraordinaire de l'exercice auquel elle venait de se livrer. Tout le monde, M. Wilson et Francis aussi bien que les autres, étaient stupéfaits d'admiration.

A ce tour des œufs succéda un tour d'un autre genre. Il se présenta au milieu du cercle un homme vigoureux, au regard farouche. Il portait aussi un panier qu'il soumit à la visite des curieux. C'était un simple panier d'osier, comme on en fabrique dans le pays, très-léger, et laissant passer le jour par mille ouvertures. Sous cette enveloppe à claire-voie il fit placer une jolie petite fille de huit ans, presque nue, faite au tour, brune à peu près comme un enfant du midi de la France.

Quand elle fut sous le panier, l'homme prit un air sinistre, lui fit une question; elle répondit : la voix semblait venir du panier, l'illusion était complète. Ce colloque dura quelques instants; puis le jongleur, feignant d'entrer en colère, menaça de tuer l'enfant. Celle-ci criait : Grâce! avec un tel accent que c'était à en frissonner. Tout à coup l'Hindou saisit un sabre, contint avec le pied le panier où chacun des assistants croyait entendre la victime; puis, dans un mouvement d'infernale rage, il y plongea son arme à plusieurs reprises. Ce fut un moment horrible ! La figure du meurtrier était hideuse de férocité ; les cris de la victime étaient d'une vérité déchirante. Françis était sur le point de se jeter sur cet homme et de le terrasser, tant il était indigné de son atroce barbarie. Tous ses compagnons frissonnaient comme lui, pâles et hors d'eux-mêmes. M. Wilson, qui savait sans doute quelle serait l'issue de cette scène, contint son fils, en lui faisant entendre qu'il était probable que ce jongleur n'avait pu ni voulu commettre, en plein jour et devant tant de témoins, un meurtre inutile. Toutefois ce spectacle était si saisissant qu'il imprimait forcément la terreur.

Ce sentiment fut au comble quand on vit le sang jaillir à flots du panier, quand on entendit des gémissements graduellement moins forts, quand on put suivre dans le frémissement du panier les convulsions de l'agonie. Bientôt succédèrent des râlements de plus en plus sourds ; puis un soupir..... le dernier sans doute, se fit entendre. On croyait l'enfant morte, quand, à la grande surprise de Francis et de beaucoup d'autres, le jongleur leva le panier. Il n'y avait rien dessous. Le sol était bien rouge de sang ; mais nulle part on ne voyait trace de corps humain. Après quelques secondes d'étonnement, la petite fille, objet de tant d'alarmes, vint au milieu des assistants, comme si elle se fût glissée du sein de la foule ; elle salua tout le monde et sollicita la générosité du public. Nos voyageurs et leur société s'exécutèrent bien volontiers. Enchantée de leur libéralité, la petite fille articula un gracieux *salam* [1], et toute la troupe, allant faire ses tours plus loin, disparut. Ce qui rendait l'illusion plus complète, c'est que, pendant toute la durée de cette scène, le jongleur s'était tenu constamment éloigné de l'assistance. A plusieurs pieds autour de lui, il n'y avait pas un seul individu, partant pas un seul compère.

Un autre prodige qui n'est pas moins inexplicable, est celui du brahmine Scheschal, qui est en grande renommée dans tout l'Hindoustan. Cet homme semble avoir la faculté de se détacher de terre et de se tenir à la hauteur de quelques pieds, sans que l'on puisse soupçonner comment il se trouve ainsi suspendu. Il est d'une taille moyenne, grêle, déjà vieux ; il porte une longue robe de toile peinte, un turban jaune, une large ceinture, un collier dont les bouts se prolongent sur la poitrine.

Le brahmine s'était rendu à Bénarès, à l'occasion des fêtes, pour y faire, selon sa coutume,

---

[1] C'est le nom qu'on donne dans le pays à tout remerciment, salut ou révérence profonde.

une bonne récolte d'argent. M. Wilson conduisit son fils à l'endroit où Scheschal donnait ses séances. Celui-ci leur montra d'abord un banc d'environ dix-huit pouces de haut, sur lequel deux étoiles de cuivre de la largeur d'un écu étaient incrustées. Puis il tira un bambou de deux pieds de long, et dont le creux était d'environ deux pouces et demi. Vint ensuite une peau de gazelle d'environ deux pieds de long sur quatre pouces de tour.

Alors l'opérateur, muni de ces objets et d'un grand sac, se cacha sous un châle d'une ampleur suffisante, sous lequel il manœuvrait avec beaucoup d'activité. Au bout de cinq minutes, il donna l'ordre de le découvrir, et on le vit ainsi en l'air. Son bras droit était appuyé sur le bout de la peau de gazelle qui se prolongeait horizontalement jusqu'à la tige de bambou fixée verticalement sur le banc, à la place marquée par l'une des étoiles de cuivre.

L'homme se tint plus d'une demi-heure dans cette posture, faisant passer entre ses doigts les grains d'un chapelet, sans donner aucun signe de gêne ou de fatigue ; on eût pu croire que cette attitude lui était habituelle.

En général, les Anglais sont naturellement plus curieux que les autres étrangers de connaître à fond les causes des choses extraordinaires. Sous ce rapport, M. Wilson était bien de sa nation. L'ascension aérienne du brahmine l'avait singulièrement frappé. Mais par quels moyens, par quels mécanismes pouvait-il s'élever ainsi en l'air à la hauteur de plusieurs pieds et se tenir là dans la même position, sans le moindre mouvement, et autant de temps qu'il en avait la volonté? C'était cela qu'il aurait désiré savoir. Il pressa donc Scheschal d'une foule de questions, espérant parvenir à surprendre son secret; il lui fit même des offres qui auraient été capables d'en séduire beaucoup d'autres. Mais l'adroit brahmine, regardant son secret comme une propriété dont il retirait tout ce qu'il voulait, résista à toutes les sollicitations; de sorte qu'à son grand regret, M. Wilson fut obligé de se retirer sans que sa curiosité fût satisfaite.

CHAPITRE II.

Condition des femmes dans l'Hindoustan. — Singulière et barbare législation. — Femmes hindoues brûlées sur le bûcher de leurs maris; atrocités. — Détails de mœurs; bonzes et brahmes; description d'un village indien. — Loutres dressées à la pêche. — Etrange sépulture des morts. — Culte du Gange.

Il règne dans l'Hindoustan une coutume barbare entre mille autres coutumes empreintes de barbarie, d'ignorance et de despotisme; c'est celle qui maintient les femmes dans un état de servilité et d'esclavage qu'on ne retrouve que chez les peuples les plus sauvages. On voit bien que le christianisme n'a pas encore marqué cette terre, d'ailleurs si privilégiée, du sceau de sa civilisation douce et équitable. Là, évidemment, c'est le sexe le plus fort qui a fait la loi, et qui l'a faite au profit de lui seul, sans esprit d'équité, sans égards pour les droits de la nature et de l'humanité.

Suivant les Hindous, une femme ne vaut pas la peine qu'on s'en occupe ; aussi lui réserve-t-on les paroles les plus dures, les traitements les plus humiliants, les travaux pénibles et les coups. Le même soldat qui, pour ouvrir la foule au palanquin d'un grand devant lequel il marche, s'adresse poliment aux hommes qu'il veut faire ranger, distribue aux femmes qui se trouvent sur son passage des coups de pied et des coups de poing, sans même les avertir ou attendre qu'elles aient pu se reculer. Tout le reste, à l'égard des femmes, est à l'avenant, ou plutôt il y a dans leur misérable existence des conditions qui font frissonner d'horreur, comme on le verra plus loin.

Le jeune Francis s'indignait fréquemment des scènes dont il était quelquefois témoin. Élevé sous le toit paternel, et ne s'étant que bien rarement trouvé en contact avec des gens de la population indigène, il n'avait pu se familiariser avec des idées aussi absurdement iniques. D'ailleurs, à Calcutta, l'influence morale des Anglais, qui y sont les seuls et vrais maîtres, n'a pas laissé d'adoucir insensiblement beaucoup ces coutumes abominables. « Ne dirait-on pas, s'écriait souvent notre jeune homme dans les transports de sa juste colère, ne dirait-on pas que ces barbares n'aient jamais connu la douceur qui résulte de la tendresse qu'inspire naturellement une sœur, bonne et affectueuse ? Ne croirait-on pas qu'ils n'aient jamais su chérir leur mère, leur mère qui leur a prodigué tant de soins et de dévouement, et qu'ils ne se font aucune idée de l'attachement qu'ils doivent à la mère de leurs enfants ? Ah ! les malheureux ! combien ils sont à plaindre ! »

Plusieurs faits, pendant son séjour à Bénarès, lui donnèrent lieu de fulminer contre l'état de superstition dans lequel sont encore plongés la plupart des Hindous, et lui démontrèrent jusqu'à quels excès peut les entraîner le peu de cas qu'ils font de la vie d'une femme.

Un soir, en revenant avec M. Wilson de visiter une pagode située à quelque distance de la ville, Francis ayant aperçu, sur la gauche de la route, des tourbillons de flamme et de fumée qui semblaient sortir d'un petit village dont on découvrait les maisons entourées d'arbres, n'hésite pas un seul instant, et pique son cheval avec vivacité pour arriver plus tôt au secours de ceux qu'il s'imaginait être victimes d'un incendie. M. Wilson, mu par le même sentiment, n'avait pas tardé à galoper sur ses pas. Une hutte de paille, au milieu des champs, tout à fait isolée, brûlait en présence d'un grand nombre d'Hindous qui ne songeaient nullement à éteindre le feu. Cependant des gémissements étouffés sortaient par intervalles du milieu des flammes; puis bientôt on n'entendit plus rien que le grésillement de la paille en combustion.

« Que signifiaient tout à l'heure ces gémissements? s'écria tout ému le jeune Francis ; serait-ce quelque animal qu'on aurait laissé périr aussi misérablement ? »

Et, en prononçant ces paroles, son regard indigné les adressait directement aux Hindous qui assistaient avec tant d'indifférence à ce spectacle. Mais en ce moment arrivait l'officier de justice hindou, qui se fit aussitôt rendre compte de l'affaire.

Voici l'action atroce qui venait d'avoir lieu. Une vive contestation s'était élevée entre deux petits propriétaires, à l'occasion de la jouissance de quelques pièces de terrain. L'un des disputeurs était un vieillard de soixante-dix ans au moins, marié à une femme du même âge que lui. Cet homme ayant eu le dessous dans la discussion, s'était saisi de sa femme avec l'aide de ses enfants et de ses parents, l'avait entraînée dans le champ pour lequel il plaidait, puis l'ayant enfermée dans une hutte en paille, l'avait condamnée à périr dans les flammes, en mettant immédiatement le feu à la paille. Tous les Hindous rassemblés trouvaient cette conduite toute naturelle : conformément à leurs principes religieux, cette mort devait répandre sur le sol une malédiction ineffaçable, et l'esprit de la femme, errant au-dessus du champ, devait empêcher à jamais la partie adverse de profiter du gain du procès.

Comme Francis vit que l'officier de justice hindou ne paraissait aucunement ému, et que son silence avait plutôt l'air d'une approbation que d'un blâme, il s'approcha précipitamment, et lui demanda, avec une impatience mal contenue, si le coupable ne serait pas puni.

« Il n'y a point de coupable, repartit l'officier de justice, car il n'y a pas de crime. Je n'ai même rien à voir à tout cela. C'est une affaire de famille; et en définitive, que vouliez-vous qu'on fît de mieux? il ne s'agit que d'une vieille femme. »

A ces paroles, prononcées avec la plus froide impassibilité, le sang du jeune homme bouillonna dans ses veines, et il allait répliquer avec toute la chaleur dont il était animé, lorsque M. Wilson, prenant la bride du cheval de son fils, l'entraîna, presque malgré lui, loin du théâtre de cette scène abominable, à laquelle, sans cet acte de prudence, les Hindous auraient pu en ajouter une seconde du même genre, en massacrant impitoyablement des étrangers assez audacieux pour insulter à leurs coutumes. M. Wilson recommanda aussitôt à son fils, mu par d'honnêtes sentiments, mais tout à fait privé d'expérience, de se garder dorénavant de manifester aussi inconsidérément son opinion sur les usages des pays qu'ils devaient parcourir ensemble.

« Ce serait follement mettre en danger mes jours et les tiens, ajouta-t-il; car ce n'est point ainsi qu'on peut aspirer à déraciner des préjugés établis depuis des siècles. Il serait donc stupide de se faire tuer pour rien.

—Vous avez raison, mon père, répondit Francis; ma vivacité m'a emporté; je n'aurais pas été si loin, soyez-en bien assuré, si j'avais pu penser que mes paroles pouvaient compromettre votre vie, qui m'est si chère. Mais aussi comme cette froide barbarie des Hindous est révoltante!

— Mon ami, répondit M. Wilson, oui, cette barbarie est bien révoltante; mais ce n'est qu'au temps, à la religion chrétienne, à Dieu enfin, qu'il appartient de la faire disparaître. En attendant, tâchons de ne rien dire et de ne rien faire qui puisse nous exposer à en devenir victimes. »

Quelques jours après, la sensibilité de Francis fut mise à une plus rude épreuve. On connaît l'usage qui prescrit aux femmes hindoues de se brûler sur le bûcher de leurs maris défunts. Malgré tous les efforts des gouverneurs généraux de l'Inde pour l'Angleterre, cette coutume, qu'on ne saurait qualifier, tant elle inspire d'horreur, se maintient, encore qu'elle ne soit pas tolérée par l'autorité. Les pundits de Bénarès et les babous de Calcutta, ainsi que tous les gens attachés au service des pagodes, ne négligent rien pour l'entretenir parmi leurs fanatiques sectateurs. On appelle *suttis* ces sacrifices, et la veuve qui doit périr prend le nom de *suttie*.

Cependant, il est juste de le dire, avant même que les autorités anglaises se fussent nettement élevées contre ces atrocités contre nature, elles avaient déjà songé à en limiter le nombre. Chaque fois qu'une veuve voulait suivre son mari sur le bûcher, elle était obligée de venir faire de son propre mouvement cette déclaration devant le magistrat du pays. Après de vives et vaines instances pour la détourner de son projet, on commettait à un délégué européen le soin de surveiller le sacrifice, afin que si la présence de la mort et la crainte de l'agonie arrachaient à la victime une rétractation, les brahmes ne pussent lui faire violence. Pourtant ces rétractations en face du bûcher étaient rares; car les prêtres ne négligeaient rien pour en détourner la suttie. Tantôt ils l'enivraient d'opium ou de liqueurs spiritueuses; tantôt ils la fanatisaient par le détail des récompenses attachées à ce grand acte de dévouement. Et d'ailleurs, la malheureuse savait bien que si le cœur venait à lui faillir, elle était désormais vouée à une vie de honte et de misère. Rejetée de sa caste, non-seulement elle était regardée comme une infâme, mais elle passait, aux yeux de tous, pour appeler sur son pays la peste, la guerre, la famine, tous les maux enfin.

On conçoit qu'avec de telles illusions d'une part, et de l'autre avec un amour profond pour le mari qu'elle venait de perdre, une suttie ait pu marcher au bûcher l'œil calme, le front serein, la figure radieuse. Mais la manière dont les Hindous traitent leurs femmes ne doit pas souvent inspirer à celles-ci un pareil héroïsme conjugal. Les sutties dévouées sont donc des exceptions; sur vingt créatures ainsi immolées, dix-neuf au moins ne cédaient qu'aux importunités des brahmes, et jusqu'au dernier moment on les voyait lutter contre l'influence de ces bourreaux.

Le hasard voulut que M. Wilson et Francis fussent témoins de deux cérémonies de ce genre, horribles drames dont le dénoûment ne peut être comparé qu'aux horreurs des anthropophages.

Un brahmine venait de mourir dans le voisinage de l'hôtellerie qu'ils habitaient. Quand tout fut préparé pour les funérailles, sa veuve fut conduite en grande pompe, et au son de nombreux instruments, vers le bûcher sur lequel avait été déposé le cadavre du défunt. La foule était si grande, que M. Wilson et Francis, malgré tous leurs efforts, ne purent en sortir, et se résignèrent à assister au sacrifice.

La démarche de la victime était assurée, sa contenance calme, son front plein de sérénité. Quand les officiers anglais lui demandèrent si c'était volontairement qu'elle allait mourir :

« Oui, c'est volontairement, » répondit-elle avec fermeté.

On pouvait juger cependant qu'elle mettait une espèce de forfanterie à confondre ainsi des chrétiens qui semblaient douter de sa résolution, au moment où les chants des brahmes exaltaient son héroïsme. A un signal donné, la suttie s'approcha du feu qui commençait à flamboyer ; elle embrassa ses parents, fit ses adieux à l'assistance, distribua à ses amies ses bijoux et ses autres objets de parure ; puis demi-nue, encouragée et presque poussée par les brahmes, elle se précipita dans le bûcher qu'on venait d'allumer. Mais la douleur fut si vive, que la malheureuse fit un mouvement pour en sortir. Alors commença une scène qu'on pourrait appeler infernale.

Les brahmes, craignant que leur victime n'échappât à la mort, renversèrent sur elle la pile de bois qui formait le bûcher; mais la veuve se dégagea, bondit hors des flammes, et, crispée par la douleur, qui lui donnait des forces surnaturelles, elle s'élança vers le Gange, qui coulait à peu de distance. Il se fit un grand tumulte. Les brahmes poursuivirent l'infortunée; malgré la résistance des soldats anglais présents, ils ne tardèrent pas à la ramener vers le bûcher qui pétillait avec violence. Là, une lutte affreuse s'engagea entre la victime et ses bourreaux. La multitude fanatisée des Hindous vociférait contre cette pauvre créature, et l'accusait de lâcheté. Les Européens demandaient qu'on fît trêve au sacrifice jusqu'à ce que le magistrat eût pris une décision.

Alors, pour mettre fin au conflit, trois prêtres vigoureux enlevèrent la veuve sur leurs bras, et la lancèrent au milieu du brasier ardent. Elle s'y tordit encore avec les convulsions du désespoir, et se releva pour prendre de nouveau la fuite; mais, à mesure qu'elle sortait de ce cercle de feu, les brahmes l'y repoussaient en lui jetant à la tête d'énormes bûches flamboyantes. Un instant de répit lui permit cependant de s'échapper encore et de courir vers le fleuve! A ce second désappointement, la rage des brahmes fut au comble; quatre d'entre eux se jetèrent à la poursuite de la fugitive, et lui plongeant avec violence la tête jusqu'au fond de l'eau, cherchèrent à la noyer.

Il fallut, pour mettre fin à cet assassinat, qu'une escouade de soldats arrivât sur les lieux. Les principaux coupables furent arrêtés et conduits en prison. Mais la pauvre Hindoue ne survécut pas à ces horribles traitements. On apprit le lendemain qu'elle était morte de ses blessures, délaissée de sa famille, et maudite comme une infâme par toute la population scandalisée.

A quelques jours de là, nos voyageurs eurent à gémir sur un acte d'atrocité plus révoltant encore. Une autre suttie, pauvre enfant de quatorze ans, avait également consenti à se laisser conduire au fatal bûcher. Mais, elle aussi, la douleur l'avait poussée hors des flammes; elle s'était réfugiée dans un ruisseau voisin. Là ce fut son oncle qui vint l'endoctriner, et qui, lui montrant un drap, lui disait pour la gagner : « Je te mettrai là dedans, je t'emporterai dans ta case. — Non, non, criait l'infortunée, vous voulez me rejeter au feu! mon oncle, au nom du Ciel, ayez compassion de moi! Je quitterai la famille; je vivrai comme une maudite, je mendierai, je ferai ce qu'on voudra. Pitié! oh! pitié! » Son oncle la rassura, et lui jura par les eaux du Gange qu'il la ramènerait à la maison.

Alors elle s'étendit sur le drap; mais à peine y était-elle couchée, que le fanatique Hindou, nouant ce drap comme un sac, reporta sa nièce dans les flammes du bûcher. La victime poussa des cris à déchirer le cœur; elle chercha à se sauver de nouveau; mais un coup de sabre mit fin à sa vie, et l'odieux sacrifice se trouva consommé.

Avant d'aller plus loin, nous allons apprendre à nos jeunes lecteurs quelques détails sur les bonzes, les brahmes et autres naturels de l'Hindoustan. Les diverses populations de cette contrée, étant de mœurs et d'habitudes différentes, vivent ensemble sans se mêler jamais. A côté des castes distinctes des Hindous, on reconnaît les Musulmans, les uns sectateurs d'Ali, les autres de Mahomet, à leurs traits réguliers et nobles, à leurs membres musculeux, à leur figure grave et composée, à leurs turbans blancs et à leurs larges pantalons.

Les Hindous, adorateurs de Wishnou, portent au milieu du front deux raies blanches séparées par une raie jaune. Ces marques, faites avec de la bouse de vache, sont renouvelées chaque matin. Les bonzes, espèce de flagellants [1] hindous, exagèrent aussi ce signe extérieur de dévotion. Les vêtements des Hindous consistent en un pantalon de toile blanche serré par le bas ; les hommes du peuple ont les épaules nues ; les classes riches portent une chemise en coton. Le costume des femmes varie davantage : tantôt c'est une jupe de

---

[1] Les flagellants formaient une confrérie très-étendue au moyen âge. Ils se fustigeaient publiquement avec des fouets ou des baguettes, croyant que rien n'était plus agréable à Dieu.

guinée bleue, de cotonnade blanche ou rayée qui descend jusqu'à mi-jambe, puis une pagne jetée en travers du sein et qui retombe sur l'épaule ; tantôt c'est une robe montante avec manches de corsage ; d'autres fois enfin une vaste pièce d'étoffe retenue par une ceinture.

Les aldées, ou villages des Hindous, offrent un aspect d'aisance ; leurs cases, toutes semblables, sont construites en paille et divisées en deux parties, l'une destinée aux hommes, l'autre aux femmes. L'ameublement d'une case consiste en nattes étendues sur le sol, en quelques peaux de bêtes ou tapis de laine, en pièces d'étoffe, plus un coffre renfermant toutes les hardes de la famille. Les castes inférieures, celles qui vivent dans la domesticité ou qui n'exercent que des métiers fort sales, comme les parias, se logent dans de misérables huttes ; ils n'ont pour tout vêtement qu'une simple pagne qui leur laisse le torse nu et ne descend guère qu'à mi-cuisse.

Dans une aldée, il est facile de reconnaître les habitations des diverses castes. On distingue celles des brahmes à leur étendue et aux nombreux domestiques qui les peuplent. Les femmes en habitent la partie la plus élevée ; elles y vivent en recluses, confinées dans leurs travaux de ménage, et tremblantes esclaves de leurs maris, ce que l'on conçoit aisément d'après ce que nous avons déjà dit à ce sujet ; car dans ces contrées, en proie au despotisme de la superstition la plus abrutissante, il y a une immense ligne de démarcation entre l'homme et la femme. Le brahme se distingue facilement à son vêtement blanc drapé avec art sur les épaules, à ses membres chargés d'embonpoint, à sa démarche grave, hautaine et dédaigneuse. Leurs femmes, qui ne sont point assujetties à des travaux pénibles, aiment beaucoup la parure ; il en est qui portent un anneau d'or dans leur narine fendue, ce qui n'est pas un ornement très-agréable à la vue.

Telle est, en général, la population hindoue. Il n'y avait pas là de nombreux objets d'admiration pour le jeune Francis ; mais, du moins, par suite des sages réflexions de son père, il avait pris le parti de regarder ces mœurs étranges comme autant de sujets d'étude, et de ne les considérer qu'avec une curiosité froide et philosophique. Comme il n'était pas en son pouvoir de les réformer, il se bornait à s'appliquer à bien les connaître, à en chercher les causes dans les mille replis du cœur humain ; à l'instar de ces médecins qui, toujours désireux de s'instruire, suivent, avec intérêt pour leur art, les progrès d'une maladie qu'ils savent bien ne pouvoir guérir, mais dont ils veulent constater avec une scrupuleuse précision les causes et les effets.

Francis eut plusieurs fois l'occasion de remarquer un procédé ingénieux, à l'aide duquel les Hindous font d'excellentes pêches. C'est avec le secours de loutres apprivoisées et dressées à cet effet qu'ils prennent ordinairement le poisson. Ces loutres ont des colliers de paille, et sont attachées dans la rivière, par de longues cordes, à des pieux de bambou. Les unes nagent dans le fleuve, à la distance où la corde leur permet d'aller ; d'autres, à moitié enfoncées dans l'eau, jouent et se roulent sur le sable du rivage. La plupart des pêcheurs nourrissent un ou plusieurs de ces animaux utiles, qui ont la même docilité que des chiens. Ces loutres sont exercées soit à pousser les troupes de poissons dans les filets, soit à saisir les plus gros avec les dents et à les apporter.

On voit souvent sur les rivières et sur les fleuves de l'Inde des cadavres flottants sur les eaux. M. Wilson et Francis étaient accoutumés à ce spectacle, qui ne pourrait manquer de frapper du plus grand étonnement tout étranger arrivant tout à coup dans ce pays. C'est la coutume religieuse des Hindous de rendre ainsi les honneurs funèbres aux morts. Quand un Hindou est à sa dernière heure, on le transporte au bord du fleuve ; on l'étend sur la berge, on lui remplit de limon les narines et la bouche. Sitôt qu'il a rendu le dernier souffle, il est jeté dans l'eau, où il se

Culte superstitieux du Gange.
Pag. 49

promène avec la marée, jusqu'à ce qu'un alligator [1] l'ait dévoré, ou que le courant l'ait porté à terre comme une proie offerte aux vautours et aux chacals. Ce spectacle de cadavres flottants est chose très-commune dans les fleuves du Bengale ; ce genre de funérailles profite aux oiseaux de proie et aux bêtes carnivores qui assiégent leurs rivages.

Ce n'est pas encore à tous les traits de mœurs que nous avons signalés, que se borne la superstition des naturels du pays. M. Wilson et Francis, en parcourant les rives du Gange, recueillirent une foule d'autres détails dont les voyageurs n'avaient point encore parlé.

Les diverses pagodes, les bords du fleuve sacré des Hindous, offrent mille scènes qui font éprouver autant de surprise et d'étonnement que leur vue inspire de dévotion et de respect aux victimes de la superstition, qui affrontent des peines multipliées pour venir se baigner dans les ondes de cette rivière. Toutes les extravagances dont la folie humaine peut se rendre coupable semblent être concentrées dans ces lieux. Des pèlerins qui ont voyagé pendant des mois entiers pour remplir des fioles de l'eau du Gange, attirés par la

---

[1] L'alligator est un serpent qui atteint une longueur de douze à treize pieds. On voit ces serpents flotter par bande sur les grands fleuves d'Asie et d'Amérique.

présence de leur dieu, demeurent prosternés sur ses bords; d'autres, enfoncés dans l'eau jusqu'à la ceinture, et entièrement occupés de leurs idées religieuses, pratiquent avec une bonne foi manifeste toutes les cérémonies du culte brahmanique.

Des groupes, assis sur divers points du rivage, et agissant sous les auspices des brahmanes, pétrissent des pelotes de sable avec de l'herbe sacrée, roulée autour de leurs doigts; elles sont destinées à être offertes au Gange comme des dons propitiatoires pour les âmes des morts. Lorsque ces pelotes sont faites, ils les jettent dans la rivière, avec la gravité la plus profonde, inspirée par le sentiment religieux. La croyance à la divinité du Gange et à son pouvoir de faire des miracles est si grande, que plusieurs viennent le visiter pour les fins les plus ridicules, convaincus que ce qu'ils demanderont leur sera accordé.

Ici un fanatique est entré dans le fleuve jusqu'à la ceinture; il le supplie de lui accorder le don de prophétie. Il est venu d'un village fort éloigné, ne doutant nullement que la rivière sainte ne le récompense de son voyage en lui ouvrant les livres de l'avenir. Il s'imagine qu'à son retour dans les montagnes qui l'ont vu naître, il sera capable de prophétiser, et que de toutes parts les montagnards accourront vers lui pour apprendre leur destinée, ce qui lui fournira le moyen d'acquérir promptement de grandes richesses.

Là on voit une troupe de spectres livides se glissant à travers les bois, et disparaissant successivement. On s'imaginerait qu'on est effectivement parvenu dans des régions surnaturelles, dans le pays des âmes ; mais, quelques pas plus loin, on rencontre une troupe de pénitents nus et blanchis par la cendre répandue sur leur corps. Une corde leur serre les reins ; leurs cheveux, tortillés comme des serpents, leur pendent sur les épaules ; les mains appliquées sur les côtés, ils marchent à pas mesurés, répétant continuellement d'une voix sourde : *Ram! Ram! Ram!* mot hindou qui signifie Dieu. Si quelque chose était nécessaire pour ajouter au caractère de cette scène, l'apparence de ces êtres, qui s'efforcent de n'avoir rien de terrestre, y contribuerait merveilleusement. L'homme le plus incrédule pour les histoires de revenants tressaillirait en voyant tout à coup une de ces figures, en quelque sorte étrangères à l'humanité, s'élever devant lui.

L'islamisme, c'est-à-dire le culte mahométan, vient aussi ajouter ses superstitions à celles des Hindous ; car nous avons eu occasion de dire que les mosquées musulmanes avec leurs minarets sont au moins aussi nombreuses, dans plusieurs localités, que les fameuses pagodes consacrées au culte des brahmes. Les lecteurs verront dans le chapitre suivant quelques particularités relatives à des cérémonies des cultes divers qui partagent l'Hindoustan.

CHAPITRE III.

Fête du Moharem. — Le pays d'Aoude. — Constantia ; notice sur le général-major Martin. — Description du palais du nabab-visir d'Aoude. — Le sacrifice en mémoire d'Ismaël et d'Isaac. — Combat d'éléphants. — Un tigre vaincu dans cette lutte.

Avant de quitter Bénarès pour aller visiter d'autres villes, M. Wilson et son fils assistèrent à plusieurs cérémonies de la fête du Moharem, fête que les Musulmans, sectateurs d'Ali, célèbrent très-religieusement. Elle a lieu en mémoire de la mort d'Hassan et de Hossein, et dure dix jours consécutifs, pendant lesquels les Musulmans, à moins qu'ils ne portent le vert comme descendants de Mahomet, changent et prennent des turbans et des ceintures de couleur noire. La plupart des Mahométans de l'Inde appartiennent à cette secte.

Pour célébrer le Moharem, chaque prince a un lieu orné d'un grand nombre de lampes, que l'on appelle l'*Imam-Baureh*. On y place les cénotaphes des deux saints personnages (Hassan et Hossein), formés de matériaux proportionnés à la richesse de celui qui les a fait construire. Les dignitaires ont ordinairement dans leurs maisons des lieux affectés à cette cérémonie, à laquelle on consacre quelquefois des sommes considérables.

L'Imam-Baureh, où furent admis nos voyageurs, pendant le Moharem, était sans contredit un des plus beaux édifices de l'Inde. Le nabab [1], qui l'avait fait élever, s'était réservé d'en faire pour lui-même un monument funèbre. Cet édifice consistait en trois salles parallèles et fort longues. Le tombeau s'élevait dans celle du centre, au milieu de laquelle on voyait un espace de terre couvert d'une herbe rare et environné d'une large bordure de marbre blanc, où on lisait des versets du Koran incrustés en lettres noires. Le turban, l'épée et les autres objets, que le fondateur portait au moment de sa mort, étaient placés à l'une des extrémités. Le tombeau était couvert d'un dais de drap d'or soutenu par quatre colonnes. Il avait fallu placer la tombe diagona-

[1] C'est le titre qu'on donne dans l'Inde aux vice-rois ou gouverneurs de provinces.

lement, afin que les pieds du défunt fussent tournés du côté de la Mecque. On arrivait à l'édifice par un vaste carré, et par un jardin tracé sur une petite hauteur. L'Imam-Baureh était construit sur une terrasse élevée ; cela faisait paraître de très-loin les fanaux innombrables qui brillaient au-dessus. Ces fanaux ne diminuaient aucunement l'éclat des milliers de girandoles de verres de toutes couleurs qui réfléchissaient la lumière des bougies, et qui descendaient du plafond à différentes hauteurs. Le parquet était couvert de candelabres qui ne laissaient que l'espace suffisant pour passer, et dont les branches étaient aussi de verre. La troisième salle était d'un bout à l'autre remplie de cénotaphes placés sur des plates-formes, de trois pieds de hauteur, et parmi lesquelles on remarquait les tombes simulées des deux frères Hassan et Hossein. Cette salle était parfaitement éclairée, tant par des lustres qui tombaient du plafond, que par des bras attachés au mur. On récitait des prières dans diverses parties de l'édifice ; et chaque soir, tous les sectateurs d'Abubecker, d'Omar et d'Othman, étaient maudits comme infidèles, à la grande satisfaction des partisans d'Ali [1].

[1] Ali était gendre du fameux Mahomet ; il fut un de ses disciples les plus ardents. Les peuples de la secte d'Ali sont ennemis jurés des autres Musulmans.

De Bénarès, M. Wilson et toute sa suite se rendirent dans les États du nabab-visir d'Aoude, pays très-fertile, où l'on rencontre plusieurs grandes villes, dont les monuments tombent en ruine. Nos voyageurs avaient principalement pour but de visiter Constantia, qui était la demeure du fameux général-major Martin, dont l'histoire mérite d'être racontée.

Cet homme, dont le sort et le caractère furent si singuliers, était né à Lyon en 1732, d'un fabricant de soieries. N'ayant pas voulu embrasser la profession de son père, il s'enrôla et fut envoyé dans l'Inde. Il y servit sous les ordres de Lally, général français, dont la sévérité le porta à déserter avec plusieurs de ses camarades. Accueilli par les Anglais, il prit du service dans leurs troupes, et de grade en grade s'éleva à celui de général-major. Il acquit et conserva la confiance des nababs souverains du pays; et ce fut à leur cour qu'il amassa des richesses immenses. Il avait fait élever sur les bords de la Goumty une maison de pierre à trois étages, dont le premier était au niveau des plus basses eaux, et contenait deux grottes où le général se retirait pendant la chaleur. Lorsque la crue de la rivière était à son degré le plus élevé, il se retirait au troisième étage, les deux premiers étant alors inondés.

Ce général Martin faisait beaucoup d'expériences aérostatiques. Un jour, le nabab l'ayant prié de préparer un ballon assez grand pour enlever vingt hommes, le général lui dit que la vie des personnes enlevées de la sorte serait très-exposée. « Que cela ne vous inquiète pas, répondit le nabab, faites toujours un ballon. » Mais Martin fut plus humain que le prince, et l'expérience n'eut pas lieu.

Le général Martin avait à se reprocher des torts graves à l'égard de la France, sa patrie. Les lois de l'honneur défendent, sous peine d'infamie, de déserter le drapeau national pour servir une autre puissance, surtout une puissance rivale. Martin voulut, avant de mourir, se faire pardonner cet oubli de ses devoirs envers sa patrie et même envers sa famille. Il donna par son testament des sommes considérables à la municipalité de sa ville natale, pour être employées au soulagement des pauvres. Il fit aussi de magnifiques legs en faveur de ses parents. Sa fortune s'élevait à douze millions. Elle fut consacrée à des actes de bienfaisance; les pauvres de Calcutta, de Chandernagor et de Lucknow lui doivent de nombreux secours et des établissements d'éducation. Le testament du major Martin, écrit en mauvais anglais, est une pièce originale et curieuse. Le mélange des mœurs asiatiques et des usages européens y produit un effet singulier.

3.

On y voyait aussi plusieurs donations pieuses, entre autres, une somme de quinze mille livres sterling [1] donnée à l'église catholique de Calcutta.

La maison de Constantia qu'avait fait construire Martin est un composé bizarre de toutes les espèces d'architecture; elle est ornée de sculptures très-délicates, exécutées sur des stucs; on y voit d'énormes lions rouges qui, au lieu d'yeux, ont des lampes; des mandarins et des dames chinoises qui remuent la tête, enfin les dieux et les déesses du paganisme. De loin, cet édifice, flanqué de quatre tourelles, et au centre duquel est une tour très-élevée, est d'un bel effet; mais lorsqu'on s'en approche, le mauvais goût des ornements n'excite plus que la pitié. Jamais on n'a réuni d'une manière si bizarre les tours gothiques et les pilastres grecs. La salle d'assemblée ou de réunion est fort belle, mais les autres appartements sont petits et sombres, et chargés d'ornements peints en jaune, pour imiter la dorure. Cet édifice a été légué au public par le major Martin, pour servir de caravansérail [2], tout étranger devant être maître de s'y établir durant deux mois.

---

[1] La livre sterling ou anglaise vaut de 21 fr. 75 c. à 24 fr. 69 c. de notre monnaie.

[2] On donne ce nom, dans tout l'Orient, aux hôtelleries pour les caravanes.

Le tombeau de l'ancien propriétaire est placé sous l'escalier au centre de la maison. Là, on lit une inscription gravée sur une table de marbre, et portant que le défunt est venu dans l'Inde, en qualité de simple soldat, et qu'il y est parvenu au grade de major-général. La tombe est placée sous une voûte que précéde un grand salon de forme circulaire. De chaque côté de cette voûte, il y en a une parfaitement semblable. L'appartement qu'occupait le major Martin est en face de ce monument. Un très-beau jardin et une vaste plantation de manguiers tiennent à la maison ; mais les environs forment un désert de sable, dont la surface plane offre l'aspect le plus triste.

M. Wilson avait des lettres de recommandation pour le directeur du caravansérail, l'un des exécuteurs testamentaires du major Martin. Aussi fut-il parfaitement accueilli, plutôt comme un ami que comme un étranger. On logea très-convenablement toute sa suite ainsi que ses équipages ; ce qui était d'autant plus agréable que M. Wilson, chargé de régler plusieurs affaires avec le nabab au nom du gouvernement anglais, devait faire dans cette contrée une halte plus ou moins longue, suivant l'exigence de sa commission.

Le nabab-visir, résidant à Lucknow, fit à M. Wilson et à son fils la réception la plus flatteuse dans son palais qui est magnifique. Les gardes et les éléphants furent mis en ligne à l'arrivée des étrangers, et le prince indien vint lui-même au-devant d'eux, leur offrant, pour entrer en connaissance, un grand nombre de présents tous plus riches les uns que les autres. Puis, ses hôtes furent introduits avec distinction dans l'intérieur du palais.

C'est un très-bel édifice, tout à fait dans le goût oriental; il est ouvert de toutes parts et soutenu par des pilastres. Il est entièrement construit en pierre; mais le tout, à l'exception des dômes qui terminent les tours rondes dont les quatre angles sont flanqués, est peint en rouge foncé. Ces dômes sont recouverts d'une riche dorure, ce qui produit un effet magnifique. Une salle très-vaste occupe le milieu du bâtiment qui est couronné par une belle terrasse sur laquelle s'élève un édifice du même genre. Un superbe trône doré et recouvert d'un brocard d'or, sur lequel étaient brodées des guirlandes de roses, occupait une des extrémités de la salle du milieu. La vue s'étendait sur un bassin d'eau destiné à l'usage des bains du palais. Les bords de ce bassin étaient garnis de lampes de couleur, et de chaque côté s'élevait un treillis illuminé, le soir, de la même manière. Les arbres parfaitement éclairés par le reflet des lampes, et réfléchis par le miroir des eaux, produisaient un

ffet véritablement magique. C'était en réalité la
agnificence du calife Haroun-Al-Raschild, telle
qu'elle est décrite dans les *Mille et une Nuits*, et
telle que l'imagination peut se la représenter.

Le nabab avait invité M. Wilson à dîner. Pendant tout le repas, une troupe de musiciens contribua à entretenir cette espèce d'illusion, en exécutant des airs composés en Europe, ce qui faisait un singulier contraste avec le reste qui était tout à fait à la mode orientale.

Après le dîner, M. Wilson et Francis furent conduits dans une autre partie du palais, ou plutôt dans un autre palais ; ils marchaient entre deux lignes de candelabres d'argent, garnis de bougies, et entre lesquels des vases portés sur des pieds élevés contenaient des parfums et de l'essence de roses. Le lendemain, le prince indien ne négligea rien pour procurer des distractions à ses hôtes. Ce fut d'abord une cérémonie qu'on appelle le sacrifice du chameau.

Francis et M. Wilson furent conduits sous une vaste tente blanche, dans l'intérieur de laquelle était étendu un tapis également de toile blanche. Près de là dans une petite enceinte, se trouvait un jeune chameau, sans tache et très-beau, et un bélier aussi sans tache, mais peint en rouge. Ce dernier animal fut placé au-dessus d'une fosse, et on lui coupa la gorge. Quant au chameau, il faut qu'il soit immolé par le chef lui-même, ou du moins en sa présence par quelque saint personnage.

L'animal avait les pieds liés et fixés à terre, et sa tête était élevée par une corde fixée à un pieu. Le prêtre, chargé de consommer ce sacrifice, était armé d'une lance d'acier très-aiguë; au moment convenable, il enfonça cette arme dans l'artère jugulaire; mais il n'y parvint qu'au troisième coup; alors le chameau perdit tout son sang. Ce double sacrifice, ainsi qu'on l'apprit à nos voyageurs, avait lieu en mémoire d'Ismaël et d'Isaac.

A ce sacrifice succéda un combat d'éléphants. C'était dans l'un des jardins du nabab-visir, qui fit placer les spectateurs dans un pavillon d'où l'on voyait la rive opposée d'une rivière, précisément à l'endroit où l'on faisait baigner les éléphants. Au loin de toutes parts, la plaine était couverte d'une foule innombrable de peuple; des fantassins et des cavaliers armés de lances avaient mission de maintenir le bon ordre. Les éléphants suivirent tranquillement leurs femelles jusqu'au moment où ils eurent aperçu la foule. Ils s'avancèrent ensuite avec une extrême vitesse, et ils auraient atteint facilement les piétons, si leur attention n'avait pas été détournée par les cavaliers qui s'approchaient d'eux au point de les toucher quelquefois avec leurs lances.

L'animal irrité se détournait alors pour châtier celui qui l'avait attaqué de la sorte; mais il le poursuivait en vain. Paraissait alors devant lui l'éléphant avec lequel on voulait le mettre aux prises; il fondait sur lui, et le choc était assez violent pour forcer l'un des deux à se dresser sur ses pieds de derrière. Les trompes des deux combattants étaient élevées en l'air, et ils continuaient quelque temps à se pousser, l'un avançant, l'autre reculant. Pendant cette manœuvre, les *mohouts* (c'est le nom des conducteurs d'éléphants) demeuraient fermes sur leurs siéges. Dans ces combats, ces hommes, pour se tenir à l'abri de la trompe de l'éléphant adverse, se placent sur le milieu du dos de l'animal qu'ils montent. Ils paraissaient s'intéresser vivement au succès des animaux qu'ils conduisaient; ils les encourageaient et les excitaient avec leurs lances armées de pointes de fer. Lorsqu'on jugeait que deux éléphants avaient suffisamment combattu, on les faisait emmener par leurs femelles.

Les deux qui parurent les premiers étaient des poltrons; ils prirent soudain la fuite. Ceux qui leur succédèrent montrèrent plus de courage. Le plus fort des deux éléphants poussa l'autre dans la rivière. Ils se jetèrent de l'eau l'un l'autre, et ils s'attaquèrent à plusieurs reprises. Le plus faible, reculant toujours, gagna la rive opposée, et, l'élévation du sol le favorisant, il s'arrêta, et empêcha l'autre d'avancer. Ils restèrent quelque temps à se regarder, puis le mohout du moins fort le conduisit au milieu du courant, où il y eut une nouvelle lutte. La victoire demeura indécise; le combat fut beaucoup admiré par les naturels du pays; mais pour des Européens ce n'eût été qu'un spectacle bien peu attrayant : nulle variété dans les attaques; aucune adresse chez les combattants; ils n'eurent recours qu'à la force brutale; du reste, ils en furent quittes pour quelques écorchures à la face.

Mais, bientôt après, le spectacle change; il s'agissait d'un combat dans lequel allait paraître un tigre. On avait entouré de palissades un espace d'environ cinquante pieds carrés; c'était l'arène où le terrible animal devait être lancé. De peur que, dans sa fureur, il ne pût se précipiter sur les spectateurs, un malheur semblable ayant été précédemment sur le point d'arriver, l'endroit où le nabab et sa cour étaient placés avait été mis à couvert par une grille de bambous; les trois autres côtés étaient garantis par de semblables grilles, soutenues par des pieux très-forts, solidement enfoncés dans la terre. Le tigre était renfermé dans une cage placée sur le côté; on l'en fit sortir en tirant autour de lui des pièces d'artifice.

L'animal fait plusieurs fois le tour de l'arène, en regardant fixement, d'un œil d'où jaillissaient des flammes, l'immense multitude qui l'entoure. Un buffle ayant été poussé dans le champ de bataille, le tigre se retire dans un coin ; et l'autre animal l'épie sans paraître vouloir engager le combat. Cependant des feux d'artifice, lancés à plusieurs reprises, obligent le tigre à changer de place ; le buffle s'avance vers lui à petits pas, s'arrête, et le considère pendant quelques instants. Alors sept autres buffles parurent dans la lice ; mais toutes les excitations qu'on leur fit ne purent engager aucun d'eux à commencer l'attaque.

Un chien, que quelqu'un jeta par-dessus la palissade, vint se tapir dans un des angles de l'arène, où bientôt le tigre fut poussé par les artifices ; le petit animal lui montra les dents ; il se retira. Alors le nabab ordonna qu'on fît venir un éléphant. A l'approche de cette masse énorme, le tigre poussa un cri de terreur, et courut vers la palissade, comme pour la franchir ; mais il fit à cet égard de vains efforts. Dirigé par son mohout, l'éléphant tenta de tomber à genoux sur le tigre, pour l'écraser de son poids ; mais celui-ci l'esquiva et gagna du terrain. Tous les efforts du conducteur pour exciter sa monture à le poursuivre furent inutiles ; l'éléphant, s'étant avancé vers une porte, l'enfonça et sortit. Le tigre, tout haletant, ne chercha pas à profiter de cette ouverture.

Aussitôt l'arène fut ouverte à un autre éléphant, qui poussa vers le tigre et plia les genoux pour l'accabler. Le tigre lui sauta au front et s'y tint attaché par ses griffes et ses dents, jusqu'à ce que, par un violent effort, et relevant la tête, l'éléphant l'eût lancé à terre; ce dont il fut tellement brisé, qu'il ne lui fut plus possible de se relever. Le vainqueur, ne voulant pas pousser plus loin son triomphe, se précipita sur la palissade et la grille, à laquelle un grand nombre de curieux se tenaient suspendus, et fit, avec ses défenses, sauter pieux et bambous. L'alarme fut vive, et chacun s'enfuit avec toute la vitesse de ses jambes. Quant à l'éléphant, il traversa tranquillement la foule, et, par bonheur, il ne blessa personne. Le tigre était trop épuisé pour le suivre.

On doit bien penser que Francis, avec le caractère que nous lui connaissons, était loin de goûter des spectacles de ce genre. Aussi se disait-il souvent à lui-même : Comment ne peut-on trouver le moyen d'amuser les hommes, sans faire en même temps des actes d'une barbare cruauté? En vérité, ajoutait-il, l'homme dont la raison est aveuglée par l'ignorance semble inférieur à la brute. Ces animaux, en refusant le combat auquel on les excite, ou en n'y consentant qu'avec répugnance, ne se montrent-ils pas plus sages que ceux-là qui les excitent ou qui les regardent? On aime mieux voir des bêtes féroces s'entre-déchirer, au risque même de compromettre la vie de grand nombre de personnes, que de se priver d'un plaisir aussi révoltant. Oh! combien il faudra de temps encore pour que de pareils peuples puissent être conquis à la civilisation!

CHAPITRE IV.

Les hôtes du caravansérail. — Détails de mœurs et de coutumes relatifs aux Persans. — Richesses de la Perse. — Construction des maisons dans ce pays. — Festins chez les Persans. — Brigands des montagnes. — Statistique sommaire de la Perse.

Dans le caravansérail de Constantia se trouvaient réunis plusieurs étrangers, qu'il était facile de reconnaître pour des marchands habitués à parcourir les diverses régions du globe. On n'eût pu dire aussi aisément, sans quelques variétés qui se faisaient remarquer dans leurs vêtements, de quel pays précisément chacun d'eux pouvait venir. Ces hommes, presque toujours nomades, passant continuellement d'une contrée dans une autre, parlent presque toutes les langues avec autant de facilité que leur langue nationale, de sorte que, à moins d'avoir longtemps fréquenté les foires et marchés de l'Orient, il serait presque impossible de les désigner pour ce qu'ils sont réellement.

Les marchands sont ordinairement fort communicatifs ; c'est une des qualités de leur profession. M. Wilson n'eut pas de peine à se mettre en rapport avec ses compagnons du caravansérail. L'un venait des frontières de la Chine ; l'autre arrivait du royaume de Perse ; un troisième avait traversé le Japon ; un quatrième apportait dans l'Hindoustan du musc, des pierres précieuses, des fourrures, de fins tissus et autres produits du Thibet. Enfin il y avait un Arabe, un Sibérien et un Tckerkesse. Dans les premiers moments, Francis se montrait fort circonspect avec ces étrangers ; mais, quand il eut vu son père lier souvent conversation avec eux, il se laissa aller au désir d'en faire autant, et se garda bien de laisser échapper cette occasion de s'instruire d'une foule de choses utiles. De leur côté, ces marchands, s'étant aperçus du plaisir que prenait ce jeune homme à les questionner et à les écouter, se prêtaient volontiers à satisfaire sa curiosité studieuse, et lui donnaient sur chaque pays les renseignements les plus propres à en faire connaître les mœurs et les habitudes. Le soir, à l'heure où la fraîcheur est si agréable à respirer, tous étendus mollement sur des divans et des coussins, dans la grande salle d'assemblée, ils avaient l'art de faire écouler rapidement les heures par leurs récits curieux et variés. Faisant toujours partie de leur cercle, M. Wilson et Francis leur prêtaient une oreille attentive, ou les stimulaient par d'adroites questions. Chacun d'eux à la ronde payait son tribut à l'auditoire, et, comme il parlait devant des hommes qui pouvaient avoir vu autant de pays que lui, cette considération lui donnait de la réserve et le faisait se tenir en garde contre l'exagération si naturelle à tant de voyageurs; car, comme dit le proverbe, *a beau mentir qui vient de loin.*

Nous nous bornerons à extraire de ces entretiens familiers les particularités qu'il importe le plus de mettre sous les yeux de nos lecteurs, ne perdant pas de vue un seul instant cette judicieuse maxime du poëte :

. . . . Le profit des voyages,
C'est de connaître, et c'est surtout d'instruire.

Le Persan prit le premier la parole, et parla d'abord de son pays en ces termes :

« Je ne m'arrêterai point à vous dire que la Perse était autrefois un grand et puissant empire : on trouve cela dans les histoires anciennes. Cette contrée touche d'un côté à l'Inde, et de l'autre à la Turquie d'Asie; au midi, elle est baignée par la mer; au nord, elle a les monts du Caucase et la Tartarie. Si des montagnes nues et arides hérissent le sol de quelques provinces, si une partie du royaume est stérile et inculte par suite du manque d'eau, en revanche rien n'est comparable à la richesse des provinces bien arrosées; là, toutes les richesses de la nature sont répandues avec profusion : le froment, le riz, les raisins de toutes les espèces, les dattes, les figues, les amandes, les pêches, les melons y sont d'un goût exquis; les palmiers, les cyprès, les platanes, les pavots, les cotonniers y parviennent à une hauteur extraordinaire. On y recueille des gommes précieuses, de la manne, de l'indigo. Les campagnes ressemblent quelquefois à un parterre des fleurs les plus belles et les plus odoriférantes. La sérénité de l'air fait que les couleurs végétales y brillent d'un éclat très-vif; on dirait que le ciel y est plus élevé et d'une autre couleur que dans un grand nombre de pays. Si je voulais énumérer les autres richesses de ma patrie, j'aurais un long catalogue à dresser auparavant; je me contenterai de citer ses mines de riches métaux et de pierres précieuses, ses beaux chevaux, ses chameaux, ses brebis, ses chèvres, ses gazelles.

» Les deux plus redoutables ennemis naturels de la Perse sont les sauterelles, qui ravagent, dans certaines années, les campagnes, et détruisent entièrement les récoltes, et le simoon, vent brûlant et pestilentiel qui tue les hommes.

» Les Persans, comme vous pouvez en juger par mon accoutrement, portent de longues robes et des bonnets de peau d'agneau noir. Comme la Perse n'est pas très-riche en bois et en pierres, toutes les villes généralement, à la réserve de quelques maisons, sont bâties de terre, mais d'une terre ou espèce d'argile si bien pétrie, qu'elle se coupe aisément en manière de gazon, ayant acquis une juste consistance. Les murailles se font par lits ou par couches, à proportion de ce qu'on veut les hausser, et entre les couches qui sont chacune de trois pieds de haut, on met deux ou trois rangs de briques cuites au soleil.

» Toutes les maisons sont bâties à peu près de cette manière. Il y a un centre, un portique de vingt ou trente pieds en carré, et au milieu du portique un étang plein d'eau. Il est tout couvert d'un côté, et depuis la muraille jusqu'à l'étang, le pavé est couvert de tapis. A chaque coin de ce portique, il y a une petite chambre pour s'asseoir et prendre le frais, et derrière une grande chambre dont le bas est couvert de tapis, avec des matelas et des coussins. Aux deux côtés des portiques sont deux autres chambres et plusieurs portes pour passer de l'une à l'autre. Les maisons des grands ont la même distribution, excepté qu'elles sont plus spacieuses. Toutes ces salles et ces chambres sont voûtées. Le dessus des maisons est, comme dans presque tout l'Orient, couronné d'une terrasse, formée d'un enduit de terre détrempée avec de la paille hachée fort menue et bien battue. Par-dessus cette espèce de mastic, on met une couche de chaux qu'on bat sept ou huit jours durant, ce qui la rend dure comme le marbre. Les maisons n'ont rien de beau au dehors; mais au dedans elles sont assez propres et assez enjolivées, les murailles étant ornées de peintures, de fleurs et d'oiseaux.

» En Perse, on est généralement sobre; on n'y fait qu'un seul repas par jour de choses cuites; du pain, du fromage, du lait, du vin cuit, des melons, et d'autres fruits selon la saison, composent les autres repas. Le mouton, le chevreau, les poulets et les pigeons sont les viandes ordinaires des Persans; car, pour ce qui est du bœuf, ils en mangent rarement. Toutes les habitudes de mes compatriotes ne seraient pas bonnes à prendre; ils font du tabac un usage excessif, qui devient pour eux une tyrannie continuelle; il y a aussi des Persans qui abusent de l'usage de l'opium, au risque de compromettre gravement et leur raison et leur santé.

» Les festins des Persans se distinguent par quelques détails particuliers. Les conviés se rendent dès le matin à la maison où ils sont invités. Ils passent la journée à fumer du tabac et à conter des histoires. De temps en temps on leur apporte le café, des dragées, des confitures, ou des fruits de la saison. Le soir, on sert les viandes bouillies et rôties. L'hôte fait un compliment à celui qui est le principal des conviés, l'assurant que le repas n'est apprêté que pour lui, et lui demande ses ordres. Les compliments terminés de part et d'autre, le maître d'hôtel commence son service, armé d'une grande cuillère, avec laquelle il sert par égales portions tous les conviés. Alors les compliments cessent; on mange, en prenant le riz à pleine main, et les viandes avec les doigts. On ne demeure pas longtemps à table; on s'y fait place les uns aux autres, et quand l'un a achevé de manger, l'autre vient s'asseoir à sa place sans cérémonie.

» L'année commence chez nous avec le printemps; ce jour est un de nos principaux jours de fête, à la cour comme dans tout le reste du royaume. Les grands vont saluer le roi, en lui faisant un présent, chacun suivant sa condition; ceux qui sont absents de la cour ont soin d'envoyer de même des présents : de sorte que le roi de Perse reçoit à cette occasion de grandes richesses. Tout le monde dans la nation prend part à cette fête, suivant ses facultés; un Persan qui n'aurait point d'argent pour acheter une cabaye, ou robe neuve, irait engager sa personne pour en avoir une.

» Mais je sors un moment de ces détails de mœurs, pour vous raconter une de mes aventures, où il sera encore question de la Perse. Il y a dans notre pays des montagnes nommées monts Bakhtiari, dangereux repaire de brigands turbulents et sanguinaires, qui sont surtout bien à craindre pour les voyageurs européens, parce qu'ils regardent comme un acte méritoire de donner la mort à un chrétien.

» Je voyageais un jour dans ces régions, et venais de laisser derrière moi la partie boisée des montagnes et d'entrer dans une de ces vastes plaines ondulées que l'on rencontre dans la province de l'Irak; la journée était très-chaude, et la marche ennuyeuse. Mes compagnons et moi, nous pensions avoir échappé à tous les dangers, et nous n'observions plus beaucoup d'ordre dans nos rangs; nous étions même un peu éloignés les uns des autres. Nous allions monter une petite éminence, quand un cavalier, richement vêtu, parut tout à coup au sommet, et, tirant en l'air un coup de pistolet pour l'attaque, s'élança sur nous, accompagné de plusieurs des siens. Nous nous ralliâmes aussitôt, et il s'ensuivit une escarmouche très-vive. Elle se termina par la déconfiture complète de notre troupe. Nous fûmes tous réunis comme des moutons ; on nous banda les yeux ; on nous lia les mains derrière le dos, et nous fûmes dépouillés, excepté un voyageur anglais qui faisait partie de notre troupe, et que l'on se contenta de dépouiller d'abord de tout ce qu'il possédait de plus précieux.

» Aussitôt que les brigands se furent assurés de la victoire, et nous eurent tous garrottés, ils s'avancèrent à cheval du voyageur anglais. Celui-ci était à une certaine distance, observant la marche des événements. Ils tirèrent leurs fusils en l'air, et lui crièrent en persan : « Monsieur le » docteur, asseyez-vous ; » sorte d'invitation qui était réellement un ordre auquel il fallait obéir. Alors ils bandèrent les yeux à cet homme, emmenèrent les chevaux et les mulets sur un coteau ; puis, prenant avec eux un marchand qui, peu de jours auparavant, s'était joint à nous, ils lui dirent de leur indiquer ce qui appartenait à l'Anglais ; il leur obéit à l'instant. Aussitôt ils coupèrent en pièces les sacs de voyage de l'étranger, et y prirent l'argent, les mouchoirs de soie, les couteaux, les rasoirs, les couvertures de laine, enfin tout ce qui y était contenu.

» Ils terminèrent leur opération par rosser le marchand en question si vertement, que le pauvre diable pouvait à peine se tenir debout ; c'était sans doute pour lui témoigner leur reconnaissance de son zèle officieux ; puis ils s'en allèrent au galop pour raconter leurs exploits à leurs amis et pour partager le butin.

» Sur ces entrefaites, n'ayant pas les mains très-solidement attachées, je défis le bandeau qui couvrait mes yeux ; je trouvai tous mes compagnons étendus le visage contre terre, et protestant tous qu'ils étaient bons Musulmans. Je les invitai à se relever, et j'étais assez de l'avis du voyageur anglais qui voulait recommencer le combat, puisque nous étions encore supérieurs en nombre à l'ennemi, et assez bien armés. La seule réponse que nous pûmes tirer de nos compagnons, fut celle-ci : « Oh ! ne parlez pas, ne parlez pas ! on va nous couper la gorge à tous ; c'est une chose résolue ; nous sommes des hommes morts. » Il fut impossible d'en obtenir quelque chose de plus ; chacun se leva, se débarrassa du mouchoir qui lui bandait les yeux. Puis, nous gagnâmes le haut du coteau, et commençâmes à charger de nouveau nos mulets pour continuer notre route.

» Je ne m'amuserai point à vous débiter les noms des diverses provinces et subdivisions dont se compose actuellement la Perse. La ville de Tauris, chef-lieu d'une de ces provinces qui faisaient partie de l'ancienne Médie, est une cité très-vaste, qui a beaucoup de jardins, de belles mosquées, mais peu d'habitants relativement à son étendue. Dans la même province est Hamadan, l'ancienne Ecbatane, si célèbre dans l'histoire. Les Juifs y montrent le prétendu lieu de sépulture d'Esther et de Mardochée. Dans l'Arménie persane, je ne vois qu'Érivan qui soit digne d'une mention. Dans la province de l'Irak-Adhémi, qui est la plus étendue du royaume, nous avons de belles villes : Ispahan, autrefois capitale, et qui, malgré ses malheurs, compte encore cinquante mille habitants; on y admire la grande mosquée surmontée de minarets revêtus de porcelaines peintes; et Téhéran, résidence actuelle des rois. Enfin, je nommerai Chiras, dans le Farsistan, grande et forte ville, dans une contrée magnifique ; Istakr, non loin des ruines de l'ancienne Persépolis ; Lara, dans le Laristan, avec un superbe bazar; Kerman, dont les châles rivalisent avec ceux de Kachemire ; Bender-Abassi ; Hérat, dans le Khorasan (ancienne Bactriane), située dans une plaine charmante et sous un beau ciel, et dont nous prisons beaucoup les raisins, les melons et l'excellente eau de rose.

« Si le monde, a dit un géographe de mon pays, si le monde est la mer, et Khorasan la coquille, Hérat en est la perle. » De beaux jardins entourent cette ville.

» Il y a encore le pays des Belouches, dont Kélat est la ville principale; et le royaume de Caboul, patrie des Afgans, contrée montagneuse dont les habitants forment de nombreuses et valeureuses tribus, et où se trouvent Caboul, capitale, située dans une contrée charmante, célèbre dans la Perse et dans l'Inde pour ses fleurs et pour ses fruits; Guznie, jadis capitale d'un empire; Candahar, ville forte située entre des montagnes très-hautes et très-escarpées, dans un territoire fertile; et Paichawer, résidence habituelle du roi de Caboul. »

Le Persan était naturellement sobre de paroles, ce qui est une grande qualité en toutes circonstances, mais surtout dans la conversation, où il est de la politesse de laisser à chacun la facilité de parler à son tour. Il fit signe qu'il n'avait plus rien à dire, et fit remettre du feu dans le fourneau de sa pipe qui s'était éteinte pendant qu'il discourait sur la Perse et ses provinces.

CHAPITRE V.

La Circassie. — Signification du nom de *Tcherkesse*. — Religion, culte et mœurs des Tcherkesses ou Circassiens. — Peine infligée au parjure. — Fiançailles et mariages. — Danses des Tcherkesses. — Leurs médecins et leurs remèdes. — Bravoure des Tcherkesses. — Funérailles. — Steppes du Caucase incendiées. — Chasse aux ours et aux léopards. — Chacals ; anecdote à leur sujet. — Sauterelles. — Fêtes solennelles. — Effet du tonnerre sur les populations circassiennes.

Le Tcherkesse, vieillard vénérable, mais plein de vivacité et d'enjouement, s'exprima en ces termes :

« Ma patrie, qu'on nomme la Circassie, est une contrée située entre la mer Noire et la mer Caspienne, au sud de l'empire russe, et au nord de la Géorgie. Le Caucase, grande chaîne de montagnes, nous donne asile sur ses hauteurs et dans ses vallées. Les femmes de notre pays sont renommées pour leur beauté; les hommes ont depuis longtemps fait leurs preuves de valeur belliqueuse. Nous avons pour voisins les Géorgiens, les Mingréliens, les Lesghis, les Tartares-Mongols et d'autres nations encore, dont j'aurai à vous entretenir. Mais avant de parler des autres, je dois vous dire ce qui concerne les Tcherkesses ou Circassiens.

» Ce nom de Tcherkesses, je dois l'avouer, n'est pas précisément un éloge aux yeux des honnêtes gens. Ce mot vient de deux termes de la langue tartare, qui signifie littéralement *coupeurs de bourses*, c'est-à-dire brigands. Ainsi, vous voyez que je ne dissimule point dès l'abord notre mauvaise réputation.

» Chez nous, le père a le droit de vendre ses enfants; le fils aîné, après la mort de son père, a le même privilége à l'égard de ses frères et sœurs. Nos tribus continuent à faire le même trafic de chair humaine quand elles en trouvent l'occasion; mais les Russes, qui nous ont en partie soumis à leur domination, et qui commencent à être un peu moins barbares qu'autrefois, s'opposent de tout leur pouvoir à ce commerce qui outrage la nature.

» Je continue notre confession. Les Tcherkesses sont en général extrêmement paresseux, et par conséquent très-pauvres. Ils aiment mieux faire le métier de brigands que celui de cultiva-

4.

teurs. Pourtant ils élèvent des chevaux d'une race très-estimée, des moutons dont les grosses queues sont pour eux un mets friand, des chèvres et surtout des abeilles.

» Les coutumes, les usages, les mœurs de mes compatriotes ne laissent pas d'offrir des particularités intéressantes et curieuses. Leur religion est un mélange bizarre de christianisme et de mahométisme. Ils reconnaissent la Vierge Marie comme mère de Dieu, et célèbrent un sacrifice assez semblable à celui de la messe; mais ils reconnaissent en même temps Mahomet pour le prophète de Dieu, et, à l'instar des Turcs, ils disent leurs prières en arabe, le visage tourné du côté de La Mecque [1], ont horreur de la chair de porc, et suivent d'autres préceptes de l'islamisme. Ils joignent encore à tout cela des superstitions idolâtriques.

» Les rites du sacrifice religieux des Tcherkesses sont également un mélange des usages de l'antiquité païenne et des mystères du christianisme. Au sein d'une sombre forêt, dans une vaste solitude, une croix plantée sur un tronc d'arbre coupé indique l'autel où le sacrifice doit se consommer. Les hommes de la même tribu se rassemblent à l'heure indiquée, traînant la vic-

---

[1] Ville de l'Arabie, dans l'Hedjaz, patrie de Mahomet.

time avec eux ; c'est une chèvre, un mouton, ou un bœuf, suivant la solennité du jour. Le plus ancien de l'assemblée se découvre la tête, revêt un manteau de feutre, prononce quelques paroles mystiques ; puis il approche un flambeau du corps de l'animal, pour lui brûler le poil à l'endroit où il doit frapper. Un esclave s'avance alors armé d'un couteau, et le sacrifice s'accomplit. La tête de la victime est suspendue à un arbre voisin ; c'est la part réservée à Dieu, la peau appartient à l'officiant, et le reste est destiné à un festin auquel tous les assistants sont conviés de droit. Le prêtre reçoit ensuite des mains de son esclave une coupe de *bouza*[1] et un morceau de pain ; les élève vers le ciel en priant Dieu de les bénir ; puis il passe la coupe et le pain au plus ancien des assistants, et répète cette cérémonie autant de fois qu'il y a de vieillards dans l'assemblée.

» Des usages consacrés par leur ancienneté sont les uniques lois de nos peuples. Dans chaque tribu les anciens composent un tribunal, devant lequel viennent comparaître tous les individus soupçonnés d'un délit quelconque. Ce tribunal ne prononce jamais la peine de mort. Les plus grands

---

[1] Boisson enivrante faite avec de la farine d'orge, de l'eau, etc. Elle est bien connue en Egypte.

châtiments sont l'amende, l'exil et l'esclavage. Le crime le plus exécré est le parjure, et ce n'est pas sans motif: le parjure ne conduit-il pas à tous les autres crimes? Celui qui viole sa foi est vendu aux Turcs. Celui qui s'est rendu coupable d'un meurtre est condamné à payer, à titre d'amende, neuf têtes de gros bétail, et à compter aux parents de la victime une forte indemnité. Comme en Chine, le voleur pris en flagrant délit est condamné pour sa maladresse à une forte amende, et à payer sept fois la valeur de l'objet dérobé.

» Quand un de nos jeunes Tcherkesses a fait choix d'une jeune fille pour l'épouser, les préliminaires sont assez semblables à ceux de l'Europe civilisée. Si les vœux du soupirant sont agréés par la jeune fille, un ami se charge de porter sa demande aux parents, et quand le consentement de ceux-ci est obtenu, les chefs des deux familles s'entendent pour stipuler la dot. C'est l'époux qui doit la fournir ; s'il appartient à la première classe de sa tribu, il offre à son futur beau-père une cotte de mailles ; dans le cas contraire, il donne des chevaux, des esclaves, des armes, des étoffes ou des troupeaux.

» Lorsque les conventions sont arrêtées, le futur, aidé de ses amis, enlève sa fiancée. La jeune fille est conduite chez un voisin où ses parents, armés de bâtons, viennent la réclamer. On fait mine de défendre cette précieuse conquête ; il en résulte un simulacre de combat, qui cesse aussitôt qu'on voit paraître le jeune homme tenant sa fiancée par la main ; son parti crie victoire, et les réjouissances commencent aussitôt. Mais bientôt l'époux abandonne la place, et pendant que tous les convives se livrent aux amusements de la danse, il va se cacher dans les bois jusqu'à la nuit close. Ses amis viennent alors le chercher pour le conduire chez lui ; mais il en sort encore au point du jour, regagne sa retraite dans les bois, et continue ce manége pendant deux mois. Au bout de ce temps, il évite encore, autant que possible, de se rencontrer publiquement avec sa femme. Lorsqu'il lui naît un fils, il manifeste le même sentiment de honte, et va de nouveau se cacher dans les bois. Demandez à un Tcherkesse des nouvelles de sa femme et de ses enfants, vous êtes sûr de l'embarrasser et de lui causer une sorte de confusion. D'où vient cela? ma foi, j'avoue franchement que je n'en sais rien ; et j'ajouterai que je crois que les Tcherkesses, qui semblent éprouver cet embarras, seraient eux-mêmes fort embarrassés de l'expliquer raisonnablement, autrement que par l'empire de l'usage.

» Lorsqu'un enfant du sexe féminin vient au monde, c'est la mère qui lui donne un nom et qui se charge de son éducation ; si c'est un garçon, la nation l'adopte.

» La danse de mes compatriotes diffère entièrement de celle des autres nations. Mes jambes, que l'âge a privées de leur élasticité, ne me permettent pas d'essayer de vous en donner une idée en action. Je vais tâcher d'y suppléer par des détails. Dix, quinze ou vingt personnes rangées sur une seule ligne, et se tenant ensemble par la main, se penchent de droite à gauche, élèvent les pieds aussi haut qu'elles peuvent, suivant la mesure donnée par le musicien, et n'interrompent l'uniformité de leurs mouvements que par des cris subits et des exclamations. Rien ne semble plus pénible que la situation des danseurs placés au milieu de la chaîne. Dans un moment d'arrêt, un danseur quitte son rang, vient s'accroupir devant les spectateurs le plus singulièrement du monde ; puis il exécute deux pas assez semblables aux mouvements d'une danse. Le premier consiste à sauter sur un pied et à toucher la terre du talon et de l'orteil alternativement ; dans le second, le danseur saute alternativement sur un pied, et porte l'autre en avant comme pour imiter le bondissement d'un cerf.

» Les médecins de nos contrées sont de la plus profonde ignorance et de la plus impertinente fourberie. Toutefois le traitement des plaies se pratique avec succès : l'expérience tient lieu de savoir. On n'emploie pour les blessures que des substances végétales; mais les médecins se joignent aux parents et aux amis du blessé pour faire la plus bizarre cérémonie.

» D'abord ils font enlever soigneusement toutes les armes qui tapissaient les murs de la chambre du blessé, puis ils déposent au pied de son lit un soc, un marteau et un bassin plein d'eau avec un œuf dedans. Chacun des visiteurs prend le marteau en entrant, et frappe trois coups sur le soc; il trempe ensuite ses doigts dans l'eau, et en asperge le patient, en priant Dieu de lui rendre la santé. Les assistants passent la soirée à jouer de divers instruments et à chanter des chansons guerrières composées en l'honneur du malade, afin sans doute de soutenir son courage et de ranimer ses forces. Les jeunes filles chantent des rondes, et les vieillards récitent des fables jusqu'au moment où le souper est servi. Après le repas, les jeux bruyants, les danses et les chansons recommencent de plus belle et se prolongent pendant toute la nuit. Si le blessé guérit, on offre un sacrifice à Dieu; s'il meurt, les femmes poussent des cris affreux qui attirent tout le voisinage.

» Je ne craindrai pas de faire ici l'éloge de la bravoure des Tcherkesses; je pourrais citer une foule de traits d'héroïsme. Quand les troupes des autres peuples sont cernées par des forces supérieures, ordinairement elles capitulent ; mais le Tcherkesse, tant qu'il lui reste un souffle de vie, continue de combattre avec intrépidité. Combien de fois n'a-t-on pas vu des Tcherkesses, avant de tomber et de se rendre prisonniers, se laisser cribler le corps de blessures mortelles, et perdre tout leur sang ! Mon père, que j'ai à peine connu, car j'étais bien jeune encore à l'époque où je le perdis ; mon père, dis-je, pourrait être cité en preuve de ce courage plein d'honneur. On m'a raconté bien souvent que, dans l'affaire qui lui coûta la vie, trois cavaliers cosaques l'attaquèrent à la fois. Ceux-ci eussent désiré le prendre vivant, à cause de son rang et de l'influence qu'il exerçait sur nos tribus. En conséquence, ils cherchaient à éviter de le blesser ; mais lui, s'étant aperçu de leur intention, résolut de ne pas se rendre. N'ayant pour toute arme qu'un sabre, il coupa les trois lances de ses ennemis dès leur premier choc, et blessa ensuite deux des trois assaillants. Bientôt environné par d'autres Cosaques accourus pour secourir les premiers, il tomba couvert de blessures au milieu de ses adversaires, et repoussa leurs attaques jusqu'à son dernier moment.

» Quand un Tcherkesse meurt, son corps est lavé avec soin, rasé et revêtu d'habits neufs ; puis on le place sur une natte. On dépose auprès de lui ses vêtements les plus riches ; ses armes forment un trophée au seuil de la porte de son habitation. Les femmes poussent sans interruption de grands gémissements, tandis que les hommes se frappent la poitrine sans proférer une seule plainte. Le sacrifice expiatoire commence, et selon la qualité et la richesse de la veuve ou de la mère du défunt, on immole un bœuf, un mouton ou une chèvre ; les chaires de la victime servent ensuite au repas des funérailles. Le corps est transporté au cimetière vingt-quatre heures après le décès. En tête du cortége marchent les vieillards ; les jeunes gens portent la bière, ou marchent à ses côtés ; les femmes suivent en s'arrachant les cheveux, ou se déchirent le visage en signe de douleur. Quand le corps est inhumé, les parents déposent auprès de la fosse divers aliments, offerts aux passants pour honorer la mémoire du défunt. La cérémonie se termine par un tir à la cible, et enfin par le récit d'un poëme, sorte d'oraison funèbre en l'honneur du mort ; puis les assistants se retirent en silence.

» L'année d'ensuite, à pareil jour, les parents et les amis viennent célébrer sur le tombeau le triste anniversaire.

» Les plaines qui bordent le versant septentrional du Caucase offrent une triste uniformité de plantes rabougries, chétives et rougeâtres, qui forment des terrains incultes qu'on nomme steppes. Quelquefois les herbes de ces steppes s'enflamment soit par accident, soit par la volonté des tribus nomades. Dans ce dernier cas, le but de l'incendie est de préparer le sol à la culture, ou simplement de le rendre propre à y établir un campement. La sécheresse de ces plantes et leur épaisseur donnent bientôt à l'incendie le plus vaste développement, surtout si la violence des vents vient encore l'exciter. On aperçoit assez à temps cet incendie dévorant pour s'y soustraire en retournant sur ses pas; mais si l'on se trouble, si l'on ne joint point la célérité à la prudence, on court le danger de s'égarer dans la plaine; et, surpris par les ténèbres de la nuit, on peut l'être aussi par les flammes qui s'avancent en grondant comme les flots de la marée montante. Le parti le plus sûr est alors de chercher son salut dans le péril lui-même, en tâchant de passer par le premier intervalle, de se rejeter au delà du foyer de l'incendie. Mais, dans ce moment critique, il y a bien des dangers à redouter : la terreur des chevaux, les ondulations des flammes qui fouettent l'air à une hauteur prodigieuse, l'épaisseur d'une fumée suffocante, les tourbillons de sable et de cendres, la voix des conducteurs et les cris des animaux forment un de ces graves tableaux de la nature, dont il est impossible de perdre le souvenir, lorsqu'on en a été témoin.

» Dans ces steppes, et dans les montagnes de la Géorgie, on rencontre beaucoup d'ours et de léopards. Les montagnards qui leur font la chasse pour le compte des marchands arméniens, évitent, autant que cela est en leur pouvoir, de faire à ces animaux des blessures qui pourraient endommager leurs fourrures. Ce n'est que lorsqu'il s'agit de leur propre défense qu'ils font usage des flèches ou des armes à feu.

» Dès qu'un chasseur aperçoit un léopard, il suit ses traces avec un instinct merveilleux pour le reconnaître sur le sable, comme sur le sol humide des bois, et quand enfin il a découvert le lieu de sa retraite, il tend, à une certaine distance, un piége dans lequel tombe ordinairement la bête féroce, alléchée qu'elle est par la pâture que le chasseur y a déposée. Aussitôt que le léopard se voit pris, il ne pousse pas le moindre cri, pas une seule plainte : il semble pressentir que ce serait le signal de sa perte; mais, travaillant en silence, il fait tous ses efforts pour se débarrasser des entraves qui le tiennent emprisonné. Quelquefois il y parvient, et abandonnant alors les forêts et sa tanière, il quitte la contrée. Mais le plus souvent il reste captif jusqu'au moment où le chasseur, qui s'est avancé avec la plus grande circonspection, l'aperçoit et l'étrangle au moyen d'un nœud coulant.

» Les chacals sont très-nombreux dans nos contrées caucasiennes. Ces animaux sont ordinairement grands comme des renards ; ils ont seulement les jambes plus courtes, et sont remarquables par la couleur de leur poil, qui est d'un jaune vif et brillant. La voix du chacal, comme vous le savez sans doute, est un hurlement mêlé d'aboiements et de gémissements. Il s'attaque rarement à une proie vivante. Le plus souvent, ils vont par troupe de vingt, trente ou quarante ; ils se rassemblent chaque jour pour faire la guerre ou la chasse ; ils vivent de petits animaux, et déterrent les cadavres des animaux et des hommes. On est obligé de battre la terre sur les sépultures et d'y mêler de grosses épines pour les empêcher de la creuser ; car une épaisseur de quelques pieds de terre ne suffit pas pour les rebuter. Ils travaillent de compagnie à cette horrible exhumation, qu'ils accompagnent de cris lugubres ; et lorsqu'ils se sont accoutumés à se nourrir de cadavres humains, ils ne cessent de courir les cimetières, de suivre les armées ou les caravanes.

» Toutefois, notre chacal du Caucase n'est pas, à beaucoup près, aussi audacieux que ceux de Barbarie, du cap de Bonne Espérance et d'autres contrées. On peut dire même qu'il est d'une timidité excessive, et que le bêlement d'un mouton suffit pour le mettre en fuite. Néanmoins, il n'en recherche pas moins avidement les corps morts et surtout les cadavres humains ; il rôde la nuit autour des sépulcres, en poussant des cris plaintifs assez semblables aux vagissements d'un enfant.

» On raconte qu'un voyageur, homme grave et instruit, qui accompagnait, en qualité de secrétaire, le savant Oléarins, chargé d'une mission pour le schah de Perse, fut, il y a deux cents ans, victime de la frayeur que lui causèrent les chacals de nos contrées. Le vaisseau qui le transportait ayant fait naufrage près des côtes de la Circassie, cet homme s'égara dans les bois et passa la nuit sur un arbre. Le lendemain, lorsqu'on retrouva ce malheureux, il avait perdu la raison, et jamais depuis il ne la recouvra. Seulement, on comprit par ses réponses que cet événement était la suite de l'effroi que lui avaient fait éprouver les chacals. Il affirmait sérieusement que plusieurs de ces animaux s'étaient rassemblés sous son arbre et avaient conversé entre eux fort longtemps comme des créatures raisonnables.

» Nous devons compter au nombre des fléaux de notre pays les troupes de sauterelles, qui, amenées par les vents du midi, comme des nuées qui obscurcissent les rayons du soleil, font irruption sur nos champs, et y causent des dommages irrémédiables. Heureusement ces insectes destructeurs sont ordinairement suivis de près par des oiseaux libérateurs qui aident l'homme à en faire justice. De ce nombre est l'oiseau que les Géorgiens nomment *tarby*. Il en arrive des bandes nombreuses à la suite des sauterelles qui deviennent leur proie. Aussi le *tarby* est-il dans le pays l'objet d'une vénération si grande, que l'homme qui aurait le malheur d'en tuer un serait maudit.

» Je vais à présent vous donner une idée de quelques-unes de nos principales fêtes. La plus solennelle est celle que les Tcherkesses célèbrent tous les ans sur la fin de l'automne ; en voici le détail. Les trois plus anciens du village en sont les ministres, et s'acquittent de l'office qui leur est confié, en présence de tout le peuple. Ils prennent un mouton ou une chèvre, et après avoir dit quelques prières, ils l'égorgent, et l'ayant bien nettoyée, font bouillir la bête entière, à la réserve des intestins que l'on fait rôtir.

» Lorsque le tout est cuit, ils l'apportent dans une grande salle où toute la tribu est rassemblée. Les trois vieillards sont debout près d'une table, et le peuple se tient aussi debout derrière eux, hommes, femmes et enfants. La table sur laquelle on a mis la viande étant apportée, les trois vieillards vont couper les pieds de l'animal ainsi que la fressure rôtie; puis élevant le tout au-dessus de leurs têtes, en même temps qu'une grande coupe remplie de *bouza*, ils prononcent quelques paroles, tandis que toute l'assistance se prosterne en terre, et demeure dans cette posture jusqu'à ce que le tout soit replacé sur la table.

» Alors deux des vieillards donnent chacun un petit morceau de viande à celui qui est au milieu d'eux et qui tient la coupe, et ensuite ils en prennent un morceau pour eux-mêmes. Lorsqu'ils ont mangé tous trois de cette viande, le vieillard qui a la coupe en boit le premier; puis, se tournant du côté du vieillard qui est à sa droite, il lui en donne à boire sans quitter la coupe, et en fait ensuite autant à celui qui est à gauche.

Cette première cérémonie achevée, les trois vieillards se tournent vers l'assemblée, et vont présenter de cette viande et de ce breuvage, premièrement à leur chef ou seigneur, puis à toute la tribu. Ce qui peut rester des quatre pieds est rapporté sur la table par les trois vieillards qui achèvent de le manger. Cela fait, ils vont s'asseoir à la table sur laquelle est le mouton, et le plus âgé des trois, prenant la tête, en mange un petit morceau, et la donne au second vieillard, qui en mange aussi, et la présente au troisième. Lorsque celui-ci en a mangé également un morceau, il la dépose devant le premier vieillard, qui lui commande de la porter au chef; et celui-ci, la recevant avec respect, et en mangeant un morceau, la donne après à son plus proche parent, ou à celui de ses amis qu'il considère le plus. Cette tête passe ainsi de main en main jusqu'à ce qu'elle soit mangée.

» Les trois vieillards commencent alors à attaquer le corps du mouton; ils en mangent chacun un morceau ou deux; puis le chef du village est appelé, et s'approche avec respect de la table. Il prend un couteau de la main d'un des vieillards qui le lui présente, et ayant coupé un morceau du mouton, qu'il mange debout, et bu de la coupe pleine de *bouza* que lui présente ensuite un autre vieillard, il se retire en saluant très-profondément. Tous les autres assistants suivent l'exemple de leur chef; les plus âgés passent les premiers; de sorte que pour les os qui restent à la fin, les enfants se battent à qui les aura.

» Nous célébrons une autre fête avant de commencer à faucher les prés. Tous les habitants aisés du village prennent une chèvre (car pour cette cérémonie on fait plus de cas des chèvres que des moutons), et ceux qui sont pauvres se mettent huit ou dix ensemble pour fournir une chèvre. Chèvres, moutons ou agneaux, tous ces animaux étant réunis, chacun prend le sien, l'égorge et en tire la peau, où il laisse la tête et les pieds. On étend cette peau avec deux bâtons, qui traversent d'un pied à l'autre; et on l'attache à une perche plantée en terre, dont le bout d'en haut entre dans la tête de l'animal. Autant il y a de bêtes tuées, autant il y a de perches plantées en terre dans le milieu du village, chacune avec sa peau, et tout le monde en passant devant fait une profonde révérence.

» Chacun, ayant fait cuire sa chèvre, la porte sur la place du village, et la dépose sur une grande table disposée à cet effet. Le chef se trouve là avec toute sa suite, et quelquefois il s'y trouve des chefs des villages voisins. Toute cette viande étant sur la table, trois des plus anciens viennent s'y asseoir, et mangent chacun un morceau ou deux, puis ils appellent les chefs. Ceux-ci s'approchent avec quelques-uns des plus âgés du village, et mangent une des chèvres que les trois vieillards ont mise à part pour eux; et toutes les autres bêtes sont distribuées à la multitude qui est assise à terre.

» Il y a tel village où il se trouve jusqu'à cinquante bêtes tuées, tant chèvres que moutons, agneaux, chevreaux. Quant à la boisson qu'on nomme *bouza*, elle est servie abondamment. Toute la journée se passe à boire ou à manger, à chanter et à danser au son des flûtes. L'orchestre se compose ordinairement d'une douzaine de joueurs de flûte, qui est le seul instrument en usage dans notre pays. Le premier musicien a une flûte plus longue que le bras, et celles des autres vont toujours en diminuant, de sorte que la dernière n'est pas plus grande qu'un flageolet. Quand les vieillards qui sont à table ont fini leur repas, ils se retirent, laissant la place aux jeunes gens qui continuent à danser. Les danses durent tant qu'il y a du *bouza*, et, le lendemain, on se met à la besogne pour faucher les prés.

» Mes voyages nombreux m'ont mis à même de remarquer que le tonnerre produit sur nous autres Tcherkesses, ainsi que sur nos voisins du Caucase, un effet différent de celui qu'il produit sur la plupart des autres peuples.

» Quand le tonnerre commence à gronder, tout le monde sort du village, et la jeunesse de l'un et de l'autre sexe commence à danser et à chanter en présence des vieillards qui sont assis; si le tonnerre tue quelqu'un, on enterre le défunt avec les plus grands honneurs; on le regarde comme un saint, dont la mort a été une grâce toute particulière de Dieu. Si la foudre tombe sur une des maisons du village, même sans causer le moindre accident, la famille qui habite cette maison est entretenue une année, sans rien faire autre chose que danser et chanter. On envoie aussitôt dans tout le pays chercher un bouc blanc, le plus fort qu'on puisse trouver, et ce bouc est nourri par ceux du village où le tonnerre est tombé, et gardé en grande vénération jusqu'à ce que le tonnerre tombe en quelque autre lieu.

» A un jour marqué, pendant le printemps, tous ceux du village où est le bouc, qui ont été visités par le tonnerre, se réunissent, prennent ce bouc qui a toujours un fromage pendu au cou, et le mènent au village du premier chef de la province. Ils n'y entrent point ; mais le chef, accompagné de tous les paysans, vient se prosterner devant le bouc. Après quelques prières, on lui ôte le fromage, et en remettant à l'instant un autre à sa place, on coupe le premier par petits morceaux que l'on distribue à tout le monde. On donne ensuite un repas aux visiteurs ; on leur fait l'aumône, et ils passent à un autre village, quêtant ainsi de tous côtés. »

CHAPITRE VI.

Géorgie; costumes des hommes et des femmes de ce pays. — Mingrélie; costumes; mariages des nobles. — Tartares-Koumouks; funérailles. — Les adorateurs du feu. — Sibérie. — Statistique sommaire. — Le lac Baïkal. — Presqu'île du Kamtschatka; ignorance religieuse de ses habitants. — Le soleil au milieu de la nuit. — Probité des Ostiaks.

« Après vous avoir décrit les principaux usages de mon pays, reprit le Tcherkesse, je puis encore vous donner quelques notions sur plusieurs des peuples qui habitent comme nous le Caucase et ses environs. J'ai si longtemps parcouru ces diverses localités, qu'il m'est permis d'en parler aussi.

» Nous avons d'abord les habitants des montagnes de la Géorgie, qui est la nation la plus pauvre du Caucase. Ce peuple se dit originaire d'un pays d'Europe qu'il nomme l'Ibérie (l'Espagne).

Ses ancêtres étaient d'une grande bravoure, mais d'une malpropreté excessive. Les descendants paraissent avoir hérité de ce dernier défaut. Figurez-vous qu'ils se couchent pêle-mêle sur une couche commune, même avec leurs bestiaux. Ils n'ont, pour se procurer des toiles, des draps, des ustensiles de ménage et du sel, d'autre ressource de commerce que de vendre des femmes et des enfants. J'ai ouï dire cependant que les hommes font eux-mêmes leurs fusils et leur poudre à tirer.

» Les femmes de cette nation sont, comme celles de mon pays, remarquables par leur beauté ; celles qui sont mariées portent des robes et des mouchoirs écarlates, leur couleur favorite ; elles se coiffent bizarrement avec une pièce d'étoffe, de manière à ne laisser voir qu'un seul œil, tandis que les jeunes filles vont tête nue.

» Quant au costume des hommes, il n'est le plus souvent composé que d'une réunion de haillons, attachés autour des jambes et des bras, et recouverts d'une sorte de tablier qui leur tient lieu de culotte.

» Le reste de la Géorgie, laquelle forme un petit état sous la domination de l'empire russe, dont la capitale est Téflis, se trouve dans un territoire généralement très-fertile.

» Dans la Mingrélie, pays couvert de vastes forêts, et qui produit abondamment du miel, les hommes de basse condition vivent dans une extrême misère. Ils se rasent ordinairement la tête, n'y laissant absolument qu'une couronne de cheveux. En toutes saisons, leurs jambes sont nues. Ils portent sur leurs épaules un *bourkat*, petit manteau de feutre. Leur chaussure consiste quelquefois en un simple morceau de peau apprêtée, nouée autour de la cheville ; mais plus ordinairement en une sorte de sandale plus large que le pied, et tressée comme une claie d'osier.

» Selon l'usage commun à tous les peuples du Caucase, ils ne sortent jamais sans avoir leurs armes, et cette précaution ne saurait être inutile dans nos pays, où se rencontrent si fréquemment des bêtes féroces. Les Mingréliens ont en outre tout à redouter de leurs formidables ennemis, les Abases, qui ne cherchent qu'à les faire tomber dans des embûches pour les emmener en esclavage. Malheureusement cette nécessité de porter des armes favorise aussi singulièrement le penchant de nos tribus au vol et au brigandage.

» Lorsqu'un noble Mingrélien se marie, il est assisté d'un parrain qui, tandis que le prêtre récite les prières d'usage, s'occupe à coudre les époux ensemble par leurs habits ; il prend ensuite deux couronnes de fleurs naturelles, et les pose alternativement sur leurs têtes, les changeant de l'un à l'autre, d'après les injonctions du prêtre qui préside la cérémonie ; puis il leur offre du pain et du vin, mange et boit avec eux, et annonce que la cérémonie est achevée. Les Mingréliens ont dans leur culte un souvenir du christianisme. Ils ont un patriarche qu'ils nomment *Catholicos,* des évêques et des prêtres ou *papas.* Chez eux, l'entrée des églises n'est permise qu'aux hommes.

» Les Tartares-Koumouks sont au nombre des nations qui habitent les steppes de la région caucasienne ; ils se livrent avec succès aux arts de l'agriculture.

» Les cérémonies funèbres en usage chez ce peuple méritent l'attention par leur singularité. Toutes les femmes de la famille du défunt s'assemblent pendant plusieurs jours, se découvrent la poitrine et se déchirent la chair avec leurs ongles. Autrefois, quand il mourait un prince de cette nation, son précepteur se coupait la moitié des oreilles, et sa nourrice s'enterrait toute vivante ; mais, dans ce dernier cas, on laissait ordinairement à cette femme la tête hors de terre, et recouverte d'un pot cassé, par l'ouverture duquel on lui donnait à manger. Si la malheureuse existait encore après un nombre déterminé de jours, on mettait fin à son supplice en la retirant de son tombeau.

» Il y a aussi dans les gorges du Caucase des

descendants des anciens adorateurs du feu, qu'on nomme Parsis. C'est à peu de distance de Bakou, dans le Shirvan, que se trouve leur sanctuaire, qui porte le nom d'Artech-Gah, du nom de l'un des plus célèbres sectateurs de Zoroastre. Artech-Gah est situé dans un pays aride et infecté par l'odeur du naphte, sorte d'huile de pierre dont on se sert pour l'éclairage et le chauffage, et qui paraît être le résultat de la décomposition de bitumes volcaniques. Un édifice carré, renfermant une vingtaine de cellules, sert de monastère aux sectateurs du *Zend-Avesta*, c'est le nom du Code des lois de Zoroastre. Dans la cour du milieu s'élève un autel flanqué de quatre cheminées de forme quadrangulaire. Au centre est un foyer que la piété des Parsis alimente perpétuellement avec du naphte. Malgré le laps des siècles, malgré les persécutions, malgré les dévastations de la conquête, le culte de Mithra, professé et propagé par Zoroastre, s'est conservé là, dit-on, dans sa pureté primitive, et les descendants des anciens Guèbres ont continué à entretenir religieusement le feu sacré.

» Un des principaux articles de foi de ces sectaires est de croire que le feu qu'ils conservent avec tant de soin est le même que celui qui brûlait du temps de Zoroastre.

» Dominés par leurs idées religieuses, les Parsis

d'Artech-Gah paraissent satisfaits de leur sort.
Dans chacune des cellules de leur monastère, les
reclus ont pratiqué plusieurs tuyaux d'où s'exhale
le gaz inflammable. A certaines heures du jour et
de la nuit, ils en approchent une lumière, et la
flamme se manifeste aussitôt. Le matin, ils épient
le lever du soleil avec un sentiment d'impatience,
mêlé d'anxiété; à peine aperçoivent-ils sur les
bords de l'horizon ce point lumineux qui annonce
l'apparition de l'astre du jour, qu'ils le saluent
par des acclamations réitérées; ils s'embrassent
et se félicitent mutuellement du retour du dieu
qu'ils adorent. Le soir, ils s'affligent en le voyant
disparaître, et rien ne peut les consoler de sa disparition, que l'espérance de le voir bientôt reparaître. Sans doute il existe des religions plus pures, plus dignes de la raison humaine, mais il n'en
est pas de plus innocente, de plus inoffensive
que celle des Parsis. Je vous ai peint en raccourci,
dit en finissant le vieillard tcherkesse, des mœurs
que ma longue carrière et mes courses multipliées
m'ont fourni les moyens d'étudier; je vous garantis la véracité de mes récits. A présent, au tour
d'un autre, je l'écoute. »

Le Sibérien, se levant sur son séant, et rajustant sur ses épaules une vieille fourrure avec laquelle il se drapait à sa mode, prit la parole après
quelques moments de silence :

« Je m'empresse, dit-il, de payer mon tribut ; après tant de choses intéressantes que vous venez d'entendre, ce que j'ai à vous dire vous semblera bien nu et bien sec ; mais du moins je n'aurai pas le tort d'abuser de votre patience.

» La Sibérie, où je suis né, est un vaste espace compris entre les monts Ourals, la mer Glaciale et le Kamtschatka ; c'est vous dire qu'elle comprend tout le nord de l'Asie. Au midi, s'étendent des chaînes de montagnes qui interceptent les vents du sud, et augmentent la rigueur du froid. De ces montagnes sortent des fleuves qui se rendent par de longs cours à la mer Glaciale, à travers des steppes, des lacs et des marais. Les sites pittoresques ne manquent certainement pas dans cette contrée si peu favorisée du soleil. Les bords de la Lena offrent des rochers d'une forme bizarre, dont les crevasses sont tapissées d'aubépine, d'églantiers et de groseilliers. Les mines des monts Ourals fournissent des pierres précieuses, de l'or, du cuivre et du fer. D'autres montagnes renferment dans leurs flancs des mines d'argent ; d'autres contiennent du soufre, de l'alun, du charbon de terre.

» Sur les bords de la mer Glaciale, la Sibérie est totalement privée de culture ; mais à l'est, elle produit des grains, du bois, du sel, des légumes et des fruits. La partie occidentale est très-riche en animaux à belles fourrures et en oiseaux aquatiques. Les mers, les lacs, les rivières, sont abondamment pourvus de poissons de toute espèce qui composent en grande partie la nourriture des habitants du pays.

» La Sibérie est habitée par des nations d'origines différentes ; ceux qui sont établis sur les rivages désolés de la mer Glaciale mènent une vie misérable, sont idolâtres, ne vivent que de pêche et demeurent dans des cabanes. De ce nombre sont les Baskirs, les Samoïèdes, les Ostiaks, les Tongouses, et plusieurs autres espèces d'hommes, absolument disgraciés de la nature. Plus on approche du pôle-nord, plus la race humaine semble dégénérer. Les Samoïèdes n'ont pas plus de quatre pieds de hauteur ; leur taille ramassée, leur figure large et plate, leurs cheveux rudes, leurs traits grossiers, ne rappellent rien de la beauté de l'homme.

» Quand on veut aller en Sibérie et y faire quelque séjour, il faut se décider auparavant à braver un hiver rigoureux de huit à neuf mois, dont une partie se passe dans l'absence du soleil. C'est ce que font des Cosaques et des Russes qui y ont fondé plusieurs établissements de commerce.

» Outre le commerce des fourrures et pelleteries, la Sibérie fait de nombreux échanges avec la Chine, les Tartares ou Tatars et plusieurs autres tribus errantes.

» Cette vaste étendue de pays est partagée en deux gouvernements, celui de Tobolsk, ou la Sibérie occidentale, celui d'Irkoutsk, ou la Sibérie orientale.

» Le gouvernement de Tobolsk est inculte et marécageux au nord; d'immenses forêts couvrent le sol; cependant plusieurs parties de cette contrée fournissent une grande quantité de blé, et engraissent de nombreux bestiaux. L'agriculture, l'exploitation des mines, la chasse, la pêche : telles sont les occupations des Russes qui viennent se fixer en Sibérie. Tobolsk, ville de près de vingt mille habitants, donne son nom à ce gouvernement dont elle est le chef-lieu. Elle fait un grand commerce de poissons, reçoit un grand nombre de caravanes de Kalmouks et de Boukhares; elle est, en outre, le dépôt général des fourrures et des pelleteries, que nous autres, Sibériens, nous sommes tenus de fournir au gouvernement russe.

» Il y a encore d'autres villes dans le gouvernement de Tobolsk, entre autres Atchinsk, ville qui n'a pour habitants que des exilés et quelques Tatars, et Bérésow, le chef-lieu des Ostiaks, où la cour de Russie envoie en exil ses criminels d'état.

» Le gouvernement d'Irkoutsk est beaucoup plus fertile; on y récolte une infinité de plantes rares et des grains, excepté sur les bords de la mer Glaciale, où les vents et les longues gelées s'opposent à toute culture. Dans le midi s'étendent de vastes forêts remplies de bois de construction et d'animaux à belles fourrures. Enfin la ville qui donne son nom à ce gouvernement passe pour une des plus commerçantes de la Russie.

» Un peu au-dessus de cette ville, se trouve le lac Baïkal, qui, ayant cent cinquante lieues de long sur soixante-quinze de large, occupe une immense vallée, entourée de rochers élevés et escarpés ; les écueils et les tempêtes rendent la navigation de ce lac très-dangereuse ; ses eaux limpides éprouvent des crues périodiques, et l'on y pêche beaucoup de poissons, des loutres marines et même des éponges de mer. Les bords de ce lac présentent une grande variété de sites pittoresques.

» Les autres villes faisant partie du gouvernement d'Irkoutsk ne sont véritablement que des villages plus ou moins grands, mais où l'on fait néanmoins un commerce assez actif. Il me reste à vous parler de la presqu'île du Kamtschatka, qui a huit mille lieues carrées de surface. Elle est traversée par une chaîne de montagnes granitiques et volcaniques, où les éruptions sont fréquentes, et d'où sortent un grand nombre de sources chaudes. Ces montagnes sont en partie couvertes de bois petit et rabougri ; une herbe très-longue couvre les pâturages ; l'agriculture se réduit à peu de chose sur le sol pierreux de cette presqu'île, où la longue durée de l'hiver, les vents du nord et les brouillards de la mer rendent le climat insupportable, sans qu'il soit pourtant malsain. La principale nourriture des habitants du Kamtschatka consiste en poissons, dont les côtes fourmillent, surtout en saumons et en harengs; on y prend aussi des loutres marines et des phoques. On y fait du pain avec la pâte farineuse d'une plante appelée *sarana ;* le suc des bouleaux fournit une boisson assez agréable ; et l'on fabrique de l'eau-de-vie avec une espèce de jonc.

» Au bord de l'Ohutora, le soufre sort liquide d'un rocher et se durcit à l'air. Le gibier est très-abondant dans cette contrée ; les lièvres, les castors, les renards rouges et bruns alimentent continuellement la chasse. Les indigènes, qu'on nomme Kamtchadales, sont petits et ont de larges épaules et une grosse tête ; en été, ils habitent des cabanes, espèce de tentes, et en hiver, ils se réfugient dans des cavernes. Cependant le froid y est beaucoup moins rigoureux que dans notre Sibérie. On pense bien que les lumières de ces péninsulaires ne sont pas très-étendues. Rien n'est plus bizarre et plus grossier que leurs dogmes religieux.

» Suivant leurs docteurs, Koutkhou est père de la terre qu'il a su affermir sur la mer. Après ce grand œuvre, Koutkhou quitta le ciel et vint s'établir au Kamtschatka; c'est là qu'il eut un fils appelé Tigil, et une fille nommée Sidanka, qui se marièrent ensemble, selon la coutume des temps primitifs. Voyant augmenter leur famille, les deux époux inventèrent la manière de faire des filets et des canots, afin de pouvoir pêcher du poisson pour nourrir leurs enfants. Tigil créa aussi les animaux terrestres, et leur donna Piliatchoutchi pour veiller sur eux. Ce dieu, d'une taille fort petite, vêtu d'une peau de goulu, est traîné par des perdrix. Quant à Koutkhou, il fit beaucoup de sottises au détriment des hommes, et finit par s'en aller. Comme il était d'une taille gigantesque, sa chaussure entra dans la terre qui était plate alors, et forma les montagnes et les vallons qui y sont restées. Ce dieu est celui auquel les Kamtschadales attribuent tous leurs maux.

» Je reviens à la Sibérie pour en sortir. Couverte de glaces et de neiges pendant l'hiver, cette contrée est en grande partie inondée pendant l'été par la fonte précipitée de ces mêmes neiges et glaces. Cela vient de ce qu'en un moment l'été y succède à l'hiver. On ne connaît là ni printemps ni automne, et l'on éprouve en été des chaleurs si excessives, que beaucoup d'habitants ne peuvent alors supporter aucun vêtement. Dans cette saison, le soleil ne se couche point pour ceux des Sibériens qui se rapprochent le plus de la mer Glaciale. J'ai vu moi-même plusieurs savants de l'Europe venir exprès au milieu de notre désert pour s'assurer de ce fait.

» Au mois de juin on ne voit pas beaucoup de différence entre le jour et la nuit pour la clarté. On lit au milieu de la nuit la plus petite écriture, presque aussi bien qu'on la lirait en plein midi, par un temps couvert, dans les contrées les plus méridionales ; pendant toute la nuit, le soleil est visible au-dessus de l'horizon. On peut hardiment regarder cet astre sans en être ébloui : ses rayons ne commencent à se rendre bien sensibles qu'à plus de minuit. C'est un spectacle vraiment magnifique ; on peut en jouir jusqu'au moment où les rayons du soleil, qui prennent insensiblement de la force, devenus trop vifs, ne peuvent plus qu'incommoder.

» Il ne faut point croire que les habitants de la Sibérie se laissent mourir de froid ; nous nous en garantissons par une chaleur quelquefois excessive. Dans toutes nos maisons, la pièce où se réunit la famille est échauffée par un poêle de briques, fait en forme de four, mais plat. On pratique en haut un trou d'environ six pouces, qui s'ouvre et se ferme par le moyen d'une soupape.

On allume le poêle à sept heures du matin. Comme la soupape est fermée, la salle se remplit d'une fumée qui s'élève à deux ou trois pouces au-dessus du plancher, où l'on reste assis ou couché, de peur d'étouffer dans l'atmosphère de cette vapeur brûlante. Au bout de trois heures, lorsque le bois du poêle est consumé, on ouvre la soupape, et la fumée se dissipant ne laisse qu'une forte chaleur qui se soutient jusqu'au lendemain, par le défaut de communication avec l'air extérieur.

» Malgré la profonde barbarie où sont plongés encore la plupart des naturels de la Sibérie, il s'y trouve des vertus natives qui feraient honneur chez des peuples d'une civilisation avancée.

» Voici un trait de probité, de bonne foi, qui trouverait difficilement son pendant chez nos peuples du centre de l'Asie.

» Un marchand venant de Tobolsk, principale ville de la Sibérie, et allant à Berézow, passa la nuit dans la cabane d'un Ostiak. Le lendemain matin, reprenant sa route, il perdit à quelque distance une bourse qui contenait environ 100 roubles. Le fils de l'Ostiak qui avait donné l'hospitalité au marchand trouva quelques instants après la bourse, la regarda et passa sans la ramasser. Il en avertit seulement son père, qui lui ordonna d'aller couvrir la bourse d'une branche, afin qu'elle ne pût tenter personne. En revenant de Bérézow, le marchand logea dans la même cabane, et entretint l'Ostiak de la perte qu'il avait faite dans son voyage; l'Ostiak lui dit alors sans s'émouvoir : « C'est donc toi qui as perdu une bourse? Eh bien ! sois tranquille, je vais te donner mon fils qui te conduira sur la place où elle est; tu pourras la ramasser toi-même. » Effectivement, le marchand retrouva sa bourse sous la branche d'arbre, à l'endroit même où il l'avait perdue. »

CHAPITRE VII.

Chine ; détails sur ce vaste empire. — Mœurs. — Fête de l'agriculture. — Grande muraille de la Chine. — Puits de feu. — Pékin. — Nankin. - Canton. — Anecdote. — Industries ambulantes ; dentistes et barbiers opérant dans les rues et sur les places.

Francis prenait un trop vif plaisir aux récits des marchands asiatiques pour être tenté le moins du monde d'en voir arriver le terme. Au contraire, il priait chaque soir son père de provoquer, par ses questions, quelques nouveaux détails propres à compléter ceux qu'il avait déjà recueillis. M. Wilson ayant terminé l'affaire qu'il était chargé de conclure avec le nabab-visir de Lucknow, eût été libre de poursuivre sa course dans l'Hindoustan ; mais quand il se fut aperçu de l'intérêt que son fils prenait aux conversations des hôtes du caravansérail, il ne balança point à y prolonger son séjour.

C'était au marchand venu des frontières de la Chine à prendre à son tour la parole ; il s'en acquitta ainsi :

« Si j'avais l'avantage, dit-il en souriant, d'être un des sujets de l'empereur de la Chine, j'aurais probablement à vous en apprendre beaucoup plus que je n'en sais réellement. Mais je suis Français, un Français sans richesse et sans crédit, que des malheurs ont jeté loin de sa patrie. Certes, ce n'était pas là un titre pour que les murailles de la Chine s'abaissassent devant moi. Mais, quoique je n'aie point eu accès dans le cœur de l'empire chinois, comme j'ai été longtemps en relation avec des hommes de ce pays, j'ai tout lieu d'espérer que vous ne serez pas fâchés de m'accorder quelque attention. Je ne fais qu'une seule réserve ; c'est que je ne réponds pas également de tout ce que je vais vous rapporter, n'ayant pas été en position de vérifier moi-même les choses que l'on m'a apprises et que je vais avoir l'honneur de répéter devant vous.

» Vous le savez tous, Messieurs, on ne pénètre que très-difficilement en Chine. Les seuls voyageurs qui aient pu y prendre une connaissance satisfaisante du pays, sont les missionnaires, hommes de science et de foi, dont les efforts et l'habileté n'ont pu encore triompher que partiellement des préjugés et des superstitions dans lesquels se berce ce vieux peuple.

» Les Chinois, quoique vantés fréquemment pour leur sagesse, auraient bien besoin que la divine religion prêchée par ces missionnaires dévoués adoucît leurs mœurs. On parle beaucoup du respect des habitants de la Chine pour les auteurs de leurs jours. Mais ce respect n'y est point l'effet de la reconnaissance et de la piété ; il n'y faut voir que le résultat d'un despotisme horrible, sous lequel chacun, dans cette contrée, s'accoutume à plier dès l'instant où il reçoit le jour. Un Chinois vend son fils sans scrupule ; il vend aussi sa femme, et se vend lui-même quand il se trouve dans le besoin. Peut-il y avoir réellement une morale saine et pure là où des abus aussi monstrueux existent et peuvent être considérés comme faisant partie de la loi fondamentale ?

» Dans toute bonne justice, il est important que les peines soient proportionnées aux délits ; sans cela, la porte est ouverte aux plus grands crimes lorsqu'ils ne sont pas punis plus sévèrement que des délits moins graves. On ne connaît rien de cela en Chine. Le vol d'un pain et le meurtre d'un homme sont punis de la même peine ; tandis que des lois tyranniques condamnent à l'exil les parents d'un homme coupable de trahison, quelque évidente que soit leur innocence.

» Dans ces pays où la justice est administrée de la sorte, on voudrait cependant faire croire que le mérite seul peut conduire aux honneurs ; mais il n'en est rien. On choisit les mandarins ou grands de l'Etat parmi les lettrés et les savants du pays ; mais ces docteurs sont de bien pauvres sires en fait de science. Lorsque nos missionnaires se furent introduits en Chine, ils eurent beaucoup de peine à faire comprendre aux mandarins les plus renommés pour leur prétendu savoir, qu'il y avait au delà des mers des pays plus étendus que leur empire. Quand on leur montra sur une mappemonde l'Europe, l'Asie, l'Afrique et l'Amérique : « Où est donc la Chine ? demandèrent-ils. — Dans ce petit coin, » leur répondit-on. Alors confus et osant à peine le regarder, ils répliquèrent : « Elle est bien petite. »

» Ce peuple se croit la première nation de l'univers. Il se dit aussi être la plus ancienne de toutes ; mais rien n'oblige de l'en croire sur parole.

» Ce qui est dans l'état le plus prospère à la Chine, c'est le commerce intérieur de l'empire. Des chemins bien larges, bien unis et bien pavés, se croisent en tous sens pour faciliter les communications. Il a fallu, pour percer ces chemins et les tenir de niveau, combler des vallées, couper des rochers et même des montagnes. De nombreux canaux ont aussi été creusés en Chine ; il y en a un de cent quatre-vingts lieues de long, qui passe sous des montagnes, dans des vallées, à travers des rivières et des lacs; plusieurs ont jusqu'à trois cents lieues de longueur, et sont assez profonds pour porter des vaisseaux. Il a fallu, j'en conviendrai, du génie et de l'art pour diriger ces travaux, et des bras pour les exécuter. Il est vrai que, pour les bras, ils ne manquent point dans cet empire, puisqu'on porte le chiffre de sa population à trois cent trente-trois millions d'habitants. L'armée en temps de paix est composée d'un million de fantassins et de huit cent mille cavaliers. Cependant les Chinois se sont laissé faire la loi par les Tartares, et les empereurs qui règnent sur eux maintenant sont des princes d'origine tartare.

» L'empereur de la Chine, les mandarins et une grande partie des notables de la nation pratiquent une religion qui leur a été non donnée, mais seulement présentée avec ordre par leur fameux philosophe Confucius ou *Kon-fu-tsée*. Cette religion reconnaît un Dieu unique, auteur et maître de tout, et que l'on nomme *Chang-ti*, seigneur souverain, ou *Tien*, le Ciel. L'âme, suivant cette croyance religieuse, est une émanation de la divinité, et doit remonter vers elle. Malheureusement, après ce seigneur souverain, viennent une foule de génies supérieurs, qui gâtent tout en ouvrant la porte aux plus grossières superstitions.

» Toutes les religions sont tolérées en Chine, pourvu que leurs préceptes ne soient point en opposition avec les maximes de l'État. Nos missionnaires catholiques ont fait un bon nombre de chrétiens dans l'empire ; mais ils ont été par intervalles en butte à de cruelles persécutions et ont compté parmi eux plus d'un martyr.

» Il y a en Chine une fête fort intéressante ; c'est celle de l'agriculture, art nourricier que les Chinois honorent souverainement dans la personne de l'agriculteur. Là, par exemple, il est de toute justice de reconnaître la preuve d'une vraie sagesse. Par une cérémonie qu'il célèbre immédiatement après son couronnement, l'empereur se déclare le protecteur obligé de l'agriculture. Il offre d'abord un sacrifice solennel au Dieu de la terre, dans le plus beau temple de Pékin, capitale de l'empire. Il se revêt ensuite d'un habit de laboureur, et se met à labourer lui-même une petite pièce de terre renfermée dans l'enclos du temple, avec une charrue attelée de deux bœufs.

» Mais, avant d'aborder ces détails de mœurs, j'aurais dû vous entretenir d'une chose qui se présente tout d'abord à l'imagination, dès qu'il est question de la Chine ; c'est-à-dire la grande muraille dont sans doute vous aurez ouï parler.

» Avant la conquête de la Chine par les Tartares, la frontière nord de cet empire était formée par la grande muraille qui s'étend dans un espace de cinq à six cents lieues. Ce monument colossal fut construit par le premier empereur de la dynastie Thsin, qui régnait deux cent quatorze ans avant l'ère chrétienne. Son projet était d'opposer une barrière aux invasions multipliées de ces Tartares. On assure que plusieurs millions d'hommes furent employés pendant dix ans à cette construction, et que quatre cent mille y perdirent la vie.

» L'épaisseur de cette immense muraille est telle que six cavaliers peuvent la parcourir de front à son sommet. Elle est flanquée de tours dans toute sa longueur ; elles sont placées chacune à la distance de deux traits de flèche, pour pouvoir atteindre l'ennemi de tous les côtés. Sa construction est très-solide, surtout du côté de l'Orient, où elle commence par un massif élevé dans la mer. En cet endroit, il était défendu aux constructeurs, sous peine de la vie, de laisser la possibilité de faire pénétrer un clou entre les assises de chaque pierre. Elle est de terre seulement dans quelques parties de son étendue. Cependant cette muraille, que j'ai examinée à loisir, paraît avoir été bâtie presque partout avec tant de soin et d'habileté que, sans qu'on ait eu besoin de la réparer, elle se conserve entière depuis deux mille ans. Dans les endroits où les passages sont plus faciles à former, on a eu soin de multiplier les ouvrages de fortification, et d'élever deux ou trois remparts qui se défendent les uns les autres.

» Ce rempart, de près de six cents lieues de longueur, a presque partout vingt ou vingt-cinq pieds d'élévation, même au-dessus des montagnes assez hautes par lesquelles on la fait passer, et qui sont fréquentes le long de la Mongolie. L'une de ces montagnes, sur laquelle est à cheval la grande muraille, a cinq mille deux cent vingt-cinq pieds d'élévation. On pense que les matériaux qui ont servi à la construction de cette fortification gigantesque, suffiraient et au delà pour un mur qui ferait deux fois le tour du globe, et qui aurait six pieds de hauteur et deux pieds d'épaisseur.

» D'espace en espace, elle est percée de portes qui sont gardées par des soldats et défendues par des tours ou bastions. Du temps des empereurs des dynasties chinoises, cette muraille était gardée par un million de soldats; mais à présent que les invasions barbares ne sont plus à craindre, le gouvernement chinois se contente d'entretenir de bonnes garnisons dans les passages les plus ouverts et les mieux fortifiés.

» La construction de cette muraille est composée de deux pans de mur, chacun d'un pied et demi d'épaisseur, dont l'intervalle est rempli de terre jusqu'au parapet. Elle a quantité de créneaux comme les tours dont elle est flanquée. A la hauteur de six ou sept pieds depuis le sol, le mur est bâti de grandes pierres carrées ; mais le reste est de brique, et le mortier paraît excellent. Sa hauteur totale est entre dix-huit et vingt pieds, mais il y a peu de tours qui n'en aient au moins quarante, sur une base de quinze à seize pieds carrés, qui diminue insensiblement à mesure qu'elle s'élève. On a fait des degrés de brique ou de pierre sur la plate-forme qui est entre les parapets, pour monter et descendre plus facilement. Ajoutez à tout cela que la fondation de cette fameuse muraille est en pierres de taille jusqu'à six pieds de hauteur, et vous aurez une idée à peu près complète de cette merveilleuse et gigantesque construction.

» Après ce colossal ouvrage des hommes, je vais vous parler d'un ouvrage de la nature qui ne vous paraîtra pas moins étonnant.

» Il existe en Chine des puits de feu qui descendent à des profondeurs considérables. Ce phénomène est fort commun dans plusieurs provinces, où on le fait servir à des usages économiques très-productifs. Comme nous avons des puits d'eau en Europe, les Chinois en ont de feu pour le service de leurs maisons. Ayant au-dessous des mines de soufre qui déjà sont allumées, ils n'ont qu'à faire une petite ouverture d'où il sort assez de chaleur pour faire cuire tout ce qu'ils veulent. Au lieu de bois, ils se servent communément d'une espèce de pierre. Les mines, d'où l'on tire cette matière qui brûle si aisément, sont presque inépuisables. En quelques endroits, comme à Pékin, ils savent si bien la préparer, qu'elle brûle jour et nuit.

» Il y a des localités en Chine où sur un espace d'environ dix lieues de long, sur cinq de large, il y a des milliers de ces puits. Chaque particulier un peu riche se cherche quelque associé pour creuser un ou plusieurs de ces puits. La manière de creuser des Chinois est toute particulière. Ils ne savent pas faire jouer la mine contre les rochers, et tous les puits sont dans le roc. Ce n'est qu'à force de temps et de patience qu'ils parviennent à creuser les leurs, qui ont quinze à dix-huit cents pieds de profondeur sur cinq ou six pouces de largeur au plus. On reste au moins trois ans pour creuser un de ces puits. L'eau qu'on en fait sortir par un tube de bambou est très-saumâtre, et contient beaucoup de nitre.

» L'air qui sort de ces puits est très-inflammable. Si l'on présentait une torche à la bouche d'un puits, quand le tube plein d'eau est près d'arriver, il s'enflammerait en une grande gerbe de feu de vingt à trente pieds de haut, et brûlerait l'atelier avec la rapidité de la foudre faisant explosion. Cela arrive quelquefois par l'imprudence ou la malice d'un ouvrier qui veut se donner la mort en compagnie.

» Il y a de ces puits d'où l'on ne retire pas de sel, mais seulement du feu; un petit tube en bambou forme l'ouverture du puits, et conduit l'air inflammable où l'on veut; on l'allume avec une bougie, et il brûle continuellement. La flamme est bleuâtre, ayant trois ou quatre pouces de haut et un pouce de diamètre. Il n'est pas probable que ce feu soit l'effet d'un volcan souterrain, parce qu'il a besoin d'être allumé; et une fois allumé, il ne s'éteint plus que par le moyen d'une boule d'argile que l'on met à l'orifice du tube, ou à l'aide d'un vent violent et subit.

» On croit que ce phénomène est plutôt l'effet d'un gaz ou d'un esprit de bitume. Les Chinois, païens et chrétiens, croient que c'est le feu de l'enfer, et ils en ont grand'peur. En réalité ce feu est plus violent que le feu ordinaire.

» Je vous parlais tout à l'heure de Pékin; je n'ai pas vu cette capitale de l'empire chinois, mais assez souvent j'en ai entendu parler pour vous en dire quelques mots. C'est une ville très-vaste; elle est entourée d'un mur de cinquante coudées de haut, d'un fossé et de trois rivières; on porte le chiffre de sa population à sept à huit cent mille habitants. Ses rues sont larges et régulières, et les maisons fort basses. On y trouve beaucoup de pagodes, des mosquées, quelques chapelles chrétiennes et plusieurs cours de justice. C'est dans le quartier qu'habitent les Tartares qu'est situé le palais impérial, entouré d'un mur très-élevé. Il renferme dans son enceinte beaucoup de bâtiments et des jardins avec des étangs, des pavillons, des bosquets de bois rares. Ce palais est au centre de la ville. Pékin possède un observatoire fameux et une cloche qui pèse douze cents quintaux. Cette ville est située dans une plaine fertile. C'est dans la partie qu'on nomme Cité chinoise que l'empereur, chaque année, vient en grande solennité célébrer la fête de l'agriculture, dont je vous ai parlé précédemment.

» Quant à Nankin, la seconde ville de l'empire, qui est à cinq cents lieues sud-sud-est de Pékin, elle est située dans la plus belle province de Chine, qu'on nomme le Kiagnan, et qui s'étend sur les bords de l'Océan. Nankin, autrefois très-florissante, offre beaucoup de ruines dans sa vaste enceinte; on y trouve un grand nombre de bibliothèques et de lettrés ou savants. On cite comme une curiosité la fameuse tour de porcelaine, haute de deux cents pieds et bâtie en briques peintes; elle a neuf étages : mais on dit qu'elle est presque en ruine à présent. Nankin a des fabriques d'étoffes de coton, et fait un grand commerce de satin et de thé vert. On assure que cette ville a douze cent mille habitants. Elle était du reste la capitale de l'empire, avant que le souverain eût fixé sa résidence à Pékin.

» Je connais beaucoup mieux la ville de Canton, qui est le principal marché pour le commerce entre la Chine et l'Europe. J'ai habité cette ville pendant plusieurs années, m'occupant de mon négoce, et aussi des mœurs des naturels du pays. Canton est le chef-lieu d'une province montagneuse sur la mer des Indes, et qui renferme quatre-vingt-quatorze villes ; son territoire fournit de la soie, de l'or, de l'étain, du cuivre, du fer. La population de Canton est de plus de deux cent mille habitants, dont une partie vit sur des barques qu'on appelle *jonques;* la ville est ornée de beaux monuments et possède un excellent port, où l'on voit des vaisseaux de toutes les nations.

» Dans une presqu'île à peu de distance est la ville de Macao, dont les rues sont étroites et les maisons fort basses. J'y ai vu un grand nombre de Portugais noirs. Je fus témoin, il y a quelques années, d'une émeute que je vais vous décrire, et qui vous fera connaître d'une manière bien nette la position réciproque des administrateurs et des administrés.

» Un soldat de la garnison de Macao, tourmenté par un ulcère, avait consulté un de ses camarades réputé sorcier dans le corps où il servait. Celui-ci, soit plaisanterie, soit vengeance, lui promit guérison, s'il appliquait sur sa plaie un morceau de chair d'un Chinois. Exaspéré par ses souffrances et plein de confiance dans le remède qu'on vient de lui indiquer, le soldat portugais choisit sa victime, fond sur elle, armé d'un couteau, et lui fait une entaille profonde.

» Le malheureux Chinois, frappé si cruellement, mourut presque sur l'heure. A ses cris, la foule accourt furieuse, criant vengeance, et réclamant l'assassin qui s'était réfugié dans sa caserne. Il fallut la menace du canon pour tenir cette multitude en respect jusqu'au jour où l'affaire fut jugée.

» L'assassin fut condamné à mort; mais, prévoyant une émeute pour le jour de l'exécution, le gouverneur portugais fit mander auprès de lui les principaux de sa nation, et, bon gré mal gré, il les tint enfermés avec lui dans le château. Dans la crainte d'un soulèvement, ce gouverneur voulait s'assurer des défenseurs ou des compagnons d'infortune,

» Au jour fixé pour l'exécution, le patient, conduit sur l'esplanade de la rade, fut décapité en présence d'un mandarin ; mais la tête était à peine séparée du corps, que la foule, ne trouvant pas qu'on eût fait suffisamment justice, jeta le magistrat chinois à bas de son siége, le meurtrit, le foula aux pieds, dispersa devant lui la garnison de Cipayes rangée en bataille, courut ensuite vers les maisons des créoles, pillant, saccageant, incendiant tout.

» La révolte dura trois ou quatre jours, durant lesquels les Portugais assistèrent du haut de la forteresse au spectacle de leurs maisons dévastées et de leurs familles désolées ; mais, dans cette émeute, la population chinoise prouva qu'elle était maîtresse, seule maîtresse de Macao. En expiation de l'insulte faite au mandarin, on mit à mort dix-sept coupables ; mais l'exemple ne profita guère à ceux qui restaient.

» Il y a dans les rues de la plupart des villes de la Chine une foule d'industries de divers genres. Ainsi l'on y voit des dentistes en plein air, qui vont de quai en quai, de place en place, de carrefour en carrefour, offrant à grand bruit de soulager les mâchoires souffrantes. Il y a aussi des marchands de coco, qui s'annoncent par le son quasi-argentin de leur clochette ; des laitiers ambulants, qui font retentir toutes les rues, à certaines heures, des appels baroques de leur trompette; et des boueurs privilégiés qui vont réclamant de borne en borne les ordures de chaque maison.

» Voici un autre commerce, ou si vous l'aimez mieux, un autre art qui mérite encore plus de fixer l'attention par sa singularité. Dans toutes les villes, les barbiers parcourent les rues, une sonnette à la main, pour appeler les pratiques. Ils portent avec eux un tabouret, un bassin, une serviette et un réchaud. Dès qu'on les appelle, ils accourent prestement, disposent leur tabouret dans l'endroit le plus convenable, savonnent la tête, nettoient les oreilles, peignent les sourcils, brossent les épaules, le tout pour la modique somme d'environ cinq liards. Cela fait, ils plient bagage, et continuent leur route en recommençant à faire tinter leur clochette. »

CHAPITRE VIII.

Histoire des pirates chinois. — Leurs victoires sur les flottes de l'empereur de la Chine. — Leurs chefs et leur reine. — Par quels moyens le gouvernement les amène à faire leur soumission.

Je vais à présent, dit le Français, vous raconter l'histoire des pirates chinois que je tiens d'un mandarin de Canton ; elle vous paraîtra, je n'en doute point, aussi neuve qu'attachante.

» La puissance de ces pirates n'a pas fait de bruit en Europe, mais elle fut longtemps importune aux souverains de la Chine. Déjà, sur la fin du seizième siècle, leur roi Limahou luttait contre l'empereur, et entreprenait la conquête de plusieurs villes. Un peu moins d'un siècle plus tard, un autre chef de même origine, nommé Cong-Song, enlevait Formose aux Hollandais, et de là sommait le gouverneur de Manille de reconnaître sa suzeraineté et de lui payer tribut. Mais l'époque la plus décisive pour ces royautés aventurières, c'est la fin du siècle dernier.

» Un mandarin de la cour de Pékin, Ching-Yih, disgracié et condamné à mort, devint alors l'organisateur et le chef de ces pirates. Parvenu, non sans peine, à se soustraire à la police impériale, il se retira parmi les pirates des îles de Haynan, à l'ouest de Macao, releva leur fortune et leurs espérances, enrôla parmi eux tout le rebut des populations du midi de l'empire, et compta bientôt sous ses ordres plus de quarante mille bandits ou mécontents, sous le coup de diverses condamnations.

» Quand une pareille quantité de rebelles courageux se trouva réunie, le chef leur donna des lois, et régla entre eux des conditions de hiérarchie. Défense fut faite de quitter le bord, où chaque matelot eut une cabine de quelques pieds carrés pour lui et sa famille; le logement du capitaine occupait l'arrière. Nulle côte n'était plus propre à leur guerre de pirates, que la côte qui se prolonge des îles de Haynan à Macao ; elle est semée de petites îles désertes, ou du moins dépourvues de garnison. De plus, cette mer offrait des abris sûrs en cas de poursuite, et des anses marquées pour épier les vaisseaux marchands.

Grâce à tant de moyens réunis pour faire le

mal, bientôt les pirates d'Haynan le firent en grand et avec impunité. Ils écumèrent ces parages, grossirent leur flotte de toutes les jonques [1] qu'ils enlevaient à l'empereur, attaquèrent même des vaisseaux européens, poussèrent l'audace jusqu'à venir à Macao acheter des boulets et des canons aux Portugais, qui ne craignirent pas de leur en vendre, tant est puissante l'avidité du gain; puis, devenus plus redoutables et plus forts, ils opérèrent des descentes, prirent des bourgs et des villes, incendièrent, pillèrent, outragèrent, dévastèrent tout ce qui tomba entre leurs mains.

» Armés de longs bambous que termine une lame de sabre, ils montaient effrontément à l'abordage des champans [2] de guerre, combattaient des équipages qui leur étaient trois fois supérieurs en nombre, et n'échouaient que très-rarement dans ces tentatives hardies. Des vaisseaux de la Compagnie des Indes furent même, à cette époque, rançonnés par eux, et des officiers anglais restèrent assez longtemps leurs esclaves.

» En 1806, un de ces officiers faits prisonniers, ayant été conduit dans une île située à vingt lieues de Macao, put constater les forces de ces écumeurs des mers. Elles consistaient alors en cinq

---

[1] Navires chinois.
[2] Petits bâtiments de la Chine ou du Japon.

cents champans, formés par divisions de cinquante, dont il ne sortait qu'une seule à la fois sous les ordres d'un chef d'escadre. Le généralissime, le grand-amiral, le roi Ching-Yih, *souverain des mers,* comme il s'appelait lui-même, ne donnait que rarement de sa personne; il restait plus ordinairement au chef-lieu, s'enivrant d'opium du matin au soir.

» Cet homme avait pourtant réussi à introduire une certaine discipline parmi ces forbans; leurs mœurs étaient bien toujours hideuses et dépravées; mais ils s'étaient résignés à pratiquer la probité en fait de partage de butin. Malheur à un chef d'escadre qui aurait tenté de détourner la moindre bagatelle à son profit! Meurtri de coups de bambou avec un raffinement de torture, il était ensuite coupé en quatre morceaux. Le même supplice attendait tout ennemi qui tombait au pouvoir des pirates.

» Ching-Yih faisait arborer sur tous ses champans, tantôt le pavillon rouge, tantôt le pavillon noir : ce dernier signe indiquait qu'il fallait être inexorable et ne faire quartier à personne. Fait prisonnier sous l'emblème de la clémence, l'officier anglais dont j'ai parlé plus haut obtint sa liberté contre une rançon de trois mille piastres et trois caisses d'opium. Pendant sa captivité, on ne l'avait nourri que de chenilles au riz.

» Telle était la situation des choses en 1807. Le midi de la Chine se trouvait à la merci des pirates, et la descente sur les côtes n'offrait plus de sûreté pour personne. Alors l'empereur crut devoir intervenir à main armée. Il envoya le chef de sa marine à Macao, où le gouverneur de la province de Canton l'avait devancé avec une vingtaine de mandarins de divers grades.

» Là, au lieu d'agir vivement contre les pirates avec trois cent cinquante champans de guerre mouillés dans la Typa, on perdit le temps en discussions et en cérémonies. Le mandarin, gouverneur de la province de Canton, mandarin à bouton bleu-clair, auquel on ne parlait qu'à genoux, fut obligé d'aller au-devant du chef de la marine impériale, qui lui était supérieur par le bouton et par l'emploi. Après cette formalité, on se donna le plaisir de supplicier dans les règles quelques prisonniers.

»Les coupables ordinaires, liés et garrottés, se mirent à genoux devant le mandarin de la province, et furent décapités d'un seul coup; mais le plus criminel était destiné à un autre genre de mort. Appliqué sur une croix, il vit venir à lui un bourreau qui portait à son côté une espèce de trousseau d'instruments tranchants, chacun destiné à dépecer un seul membre et ne pouvant toucher aux autres : ainsi l'un était pour le pied, l'autre pour le bras, celui-ci pour la jambe, celui-là pour le ventre. Quand le bourreau avait mis la main sur l'un d'eux, il était obligé de s'en servir conformément à son usage ; et c'était une chance bien rare pour le patient de rencontrer une mort prompte. Le plus souvent il endurait une sanglante agonie. Cette fois, la victime fut favorisée : l'instrument destiné au cœur tomba le premier entre les mains de l'exécuteur ; un seul coup lui donna la mort.

» Après cette grave affaire, il y eut conseil de mandarins, présidé par le chef de la marine impériale. La guerre y fut décidée. Mais, à une première rencontre, l'amiral chinois, complétement défait, perdit treize champans de guerre. Quelques pêcheurs, qui s'étaient mis de la partie comme auxiliaires de l'amiral, furent plus heureux : ils prirent quatre barques aux rebelles.

» On se conduisit avec tant d'injustice à l'égard de ceux qui avaient fait cette capture, qu'ils laissèrent les mandarins vider eux-mêmes leurs querelles. Alors ceux-ci se piquèrent d'honneur ; ils composèrent une escadre d'élite, surprirent une division de barques des pirates dans une île des environs, lui enlevèrent huit champans, dont deux portaient vingt-six canons, tuèrent sept cents hommes et emmenèrent trois cents prisonniers. Vingt mille piastres, de l'or en poudre et en lingots furent le butin de cette journée.

» Mais ce n'était là qu'un petit échec que le génie de Ching-Yih devait réparer bientôt.

» Dans une nouvelle rencontre, où il se trouvait lui-même, vingt-huit jonques de guerre tombèrent en son pouvoir, et le reste de la flotte impériale fut obligé de se sauver à toutes voiles. Alors le pirate se vit maître de l'empire; il parla de détrôner la puissance tartare, et de fonder une dynastie nouvelle.

» Tout lui souriait en effet. Chef de soixante-dix mille aventuriers, maître de huit cents navires et de mille embarcations, il avait augmenté considérablement le nombre de ses escadres. Aux pavillons rouge et noir il avait ajouté le vert, le bleu, le blanc et le jaune. Ses flottes couvraient la mer. Leurs équipages, devenus l'effroi de toute la Chine, étaient connus dans le pays sous le nom de *Frelons de la mer*. Rien ne paraissait faire obstacle aux gigantesques projets de Ching-Yih; il parlait même d'aller faire le siége de Pékin, lorsqu'il périt dans une tempête.

» C'en était fait de l'organisation puissante qu'il avait créée, si sa veuve n'eût eu toutes les qualités nécessaires pour lui succéder. Cette femme avait en effet les talents d'un homme supérieur; elle se fit reconnaître aussitôt comme généralissime, et délégua ensuite une partie de l'autorité à un lieutenant de son mari, à Paou, son favori, le plus intrépide et le plus dévoué des chefs pirates.

» Sous la veuve de Ching-Yih, la fortune n'abandonna pas les révoltés. L'habile et courageuse amazone parvint même à faire régner plus d'ordre et plus de morale parmi les équipages indisciplinés. Elle leur fit un code nouveau, dans lequel on lisait : « Tout individu qui se rendra à terre
» sans permission, ou sera coupable d'insubor-
» dination, aura, pour la première fois, les oreilles
» coupées devant la flotte; la seconde fois, il sera
» décapité. Tout ce qui tombera au pouvoir des
» flottes-unies sera inscrit sur des registres, et
» nul article, si minime que soit sa valeur, ne
» pourra être distrait, sous peine de mort. A
» chaque prise faite, tous les hommes de l'équi-
» page capteur lèveront la main et jureront qu'ils
» n'ont rien dérobé. »

» Après ces articles qui caractérisaient l'intelligence et la probité du chef, je vais en citer un qui témoigne du caractère réservé de la femme; il était ainsi conçu : « Il est défendu de conduire
» à bord des femmes prisonnières; tout individu
» qui usera de violence envers une femme, ou l'é-
» pousera sans autorisation, sera puni de mort. »

» Pour limiter le nombre de ses ennemis, et se créer quelques ressources d'approvisionnement, la veuve de Ching-Yih défendit à ses équipages, sous peine de mort, de prendre des vivres chez des paysans sans en payer largement la valeur. La bonne foi présidait à toutes ces transactions, la discipline régnait à bord des vaisseaux, et les paysans, qui écoulaient ainsi leurs denrées à de bons prix, étaient plutôt pour les pirates contre les mandarins, que pour les mandarins contre les pirates. Ils ne se bornaient même pas au commerce immédiat et direct; ils achetaient, pour les leur revendre, des étoffes, des armes, de la poudre et des munitions.

» Ainsi, sous l'influence du génie actif et prévoyant de l'héroïne qui les commandait, les forbans restèrent les maîtres de ces parages, malgré les forces navales de l'empereur. A plusieurs reprises, on envoya contre eux des mandarins qui jouissaient d'une certaine réputation militaire; mais ils furent battus et ne purent tenir la mer. Une fois seulement le grand-amiral, les ayant attaqués à la tête de cent vaisseaux, parvint à mettre le feu aux voiles et aux cordages des pirates. Ceux-ci s'enfuirent alors pour la première fois; plusieurs de leurs champans furent coulés bas, et on leur fit environ mille prisonniers.

» Mais la revanche ne se fit pas longtemps attendre. Fier de sa victoire, le grand-amiral se présenta de nouveau devant la flotte des rebelles, mouillée dans la baie de Kouang-Chou. La veuve de Ching-Yih s'y trouvait ; elle partagea ses champans en deux divisions, fit avancer l'une d'elles sous les ordres de Paou, qui engagea le combat avec les jonques ennemies ; puis, quand elle vit le grand-amiral aux prises, elle le tourna avec sa seconde division, et vint l'attaquer par le flanc et par les derrières. La déroute de la flotte impériale fut complète.

» Un nouvel amiral, Ting-Kouei, ne fut pas plus heureux : il se laissa surprendre par le vigilant Paou, pour le service de qui les paysans et les pêcheurs faisaient l'office d'espions. Vainement, à l'approche du péril, le chef de la marine chinoise retrouva-t-il son sang-froid et son énergie ; vainement encore, dans le début de l'action, les pirates perdirent-ils l'un de leurs chefs les plus vaillants, celui qu'on appelait *le Diamant de la flotte :* rien ne put résister à l'impétueuse hardiesse de Paou, qui monta lui-même à l'abordage du vaisseau amiral. Vivement pressé, Ting-Kouei désespéra du succès du combat et se donna la mort. Alors commença un horrible carnage des vaincus, une boucherie où deux mille Chinois teignirent la mer de leur sang. Vingt-cinq jonques tombèrent au pouvoir du vainqueur.

» A la suite de cet irréparable désastre, l'empereur renonça à une répression ouverte; il fit rentrer ses flottes dans les ports, et résolut de ne faire à ses terribles antagonistes qu'une guerre d'inertie. En conséquence, un embargo général fut mis sur tous les navires chinois; aucun d'eux ne put désormais quitter le port, et ceux qui se trouvaient au large reçurent l'ordre d'y rentrer.

» Ainsi tout secours en vivres et munitions, tout renfort d'hommes et d'artillerie était désormais interdit aux rebelles. Il fallait qu'ils vécussent, qu'ils se défendissent avec leurs ressources actuelles. La mesure en effet était décisive; elle entraînait, dans un temps plus ou moins éloigné, l'anéantissement ou la soumission des pirates. Mais ces hommes de fer ne purent se résigner à cet avenir. Quand ils virent que les ports et les rivières de l'empire leur étaient fermés, ils allèrent se les faire ouvrir avec le canon; ils remontèrent le Tigre par ses quatre bouches, pillant et ruinant toutes les villes, tous les bourgs, tous les villages qui bordent ce fleuve, pénétrant jusqu'au cœur de l'empire, étonné de tant de hardiesse, et terrifié de ces excursions sanglantes.

» A cette époque, si l'union jusque-là fidèlement observée s'était maintenue parmi les pirates, il fallait trembler pour le trône de Pékin. Mais la coalition des pirates se brisa d'elle-même, quand elle n'eut plus d'ennemis à combattre. La guerre intestine, la discorde fit plus pour l'empereur que tous les moyens qu'il aurait pu employer.

» Le bras droit de la reine des pirates, Paou, avait depuis longtemps encouru les ressentiments et excité la jalousie d'un autre chef nommé O-po-Taë ; sa discipline et le respect pour la veuve de Ching-Yih avaient seuls empêché un éclat. Un jour, dans une rencontre navale, Paou, enveloppé de tous côtés par les jonques de l'empereur, fit signe à O-po-Taë de venir à son secours ; celui-ci refusant, et résistant même aux ordres de sa souveraine, il fallut que le brave Paou passât sur le corps à l'escadre ennemie, pour se soustraire à la mort ou à la prison.

» Quand l'affaire fut terminée à son honneur, Paou, furieux, alla trouver O-po-Taë :

« Pourquoi ne m'as-tu pas secouru ? lui dit-il.

» — Parce que je n'avais pas assez de champans, répliqua l'autre, et puis je n'ai pas d'ordres à recevoir de toi.

» — Veux-tu te séparer de nous ?

» — Ce n'est pas mon intention.

» — Pourquoi me laisser écraser alors ? Ecoute : j'ai juré de me venger de toi ; prépare-toi à me combattre. »

» En effet, après quelques nouvelles menaces

échangées, les deux rivaux en vinrent aux mains, chacun entraînant son escadre dans son parti. Paou, inférieur en force pour le moment, perdit seize champans avec leurs équipages, qui furent massacrés. Mais, craignant que de terribles représailles ne survinssent quand la reine et Paou auraient réuni leurs forces, O-po-Taë gagna ses matelots, leur parla d'amnistie et de récompenses s'ils voulaient mettre bas les armes et se fier à la clémente générosité de l'empereur.

» A la suite de ces suggestions, les pirates rédigèrent en commun une supplique conçue à peu près dans ces termes singuliers. C'était O-po-Taë qui était censé parler en son nom.

« C'est mon opinion, disait-il, que tous les vo-
» leurs qui se sont rendus redoutables au gouver-
» nement ont eu des droits à son indulgence et à
» son pardon. Léang-Shan, qui pilla trois fois la
» ville de Canton, obtint néanmoins sa grâce, et
» devint plus tard ministre d'Etat. Wakang, qui
» porta si longtemps les armes contre son pays,
» fut aussi pardonné, et on ne le jugea pas indi-
» gne d'une des plus hautes fonctions du gouver-
» nement ; Jou-Ning pardonna sept fois à Mouang-
» Houo, et Kouang-Kung rendit quatre fois la
» liberté à Tsaou-Tsaou ; Yo-Fey ne fit point périr
» les voleurs qui vinrent faire leur soumission.
» Nous vivons dans un pays extrêmement peu-

» plé ; quelques-uns de nos camarades, après
» avoir tenté tous les moyens pour gagner hon-
» nêtement leur vie sans pouvoir y réussir, furent
» entraînés au crime ; quelques autres, se voyant
» ruinés par des naufrages ou par des incendies,
» se livrèrent au pillage pour ne pas mourir de
» faim. Ce fut la nécessité qui fit que les lois de
» l'empire furent violées ; mais aujourd'hui nous
» sommes prêts à rentrer dans le sein de la so-
» ciété, à abandonner nos camarades, à faire
» notre soumission. La puissance du gouverne-
» ment n'a point de limites ; elle atteint aux îles
» les plus reculés de la mer, et chacun de nous
» s'effraye et implore le pardon de l'empereur.
» Nos crimes méritent le plus terrible châtiment ;
» mais nous supplions le fils du ciel d'étendre sa
» miséricorde sur ceux qui furent si coupables,
» et qui aujourd'hui n'ont d'espoir que dans son
» humanité. »

» Trop faible pour sévir, le gouvernement chinois fut heureux de pouvoir faire parade de clémence. O-po-Taë, amnistié avec toute sa flotte, changea son nom en celui d'Heo-Been, qui signifie lustre d'instruction, et fut élevé au rang d'officier impérial.

» Malgré cette défection, la veuve de Ching-Yih et Paou n'en continuèrent pas moins à ravager les côtes et à battre les flottes de l'empereur; on eût même dit que la trahison ne leur avait pas fait perdre un seul vaisseau, tant la fortune leur resta fidèle. Mais bientôt des partis nouveaux se formèrent parmi les chefs; séduits par l'exemple d'O-po-Taë, il y en eut qui pesèrent les chances d'une désertion. La reine, avertie de ce danger, résolut de prévenir les déserteurs, pour ne pas rester ensuite isolée à la merci de l'empereur.

» Informée de ces dispositions, la cour de Pékin voulut d'abord connaître à fond la pensée des pirates. Elle leur dépêcha à cet effet un médecin nommé Chow, bien connu des pirates et ne redoutant de leur part aucun mauvais traitement.

» Lorsque le médecin se vit près de Paou, il lui dit :

« Ami Paou, sais-tu pourquoi je suis venu vers toi?

» — Tu as commis quelque crime, et tu viens sans doute chercher un asile auprès de nous.

» — Grâce au ciel, reprit Chow, je n'ai rien à me reprocher.

» — Alors, dit Paou, tu viens t'informer si les bruits qui courent relativement à notre soumission prochaine ont quelque fondement?

» — Eh bien! répliqua le médecin, je viens te déclarer que si toi, ta souveraine, ainsi que toute sa flotte, vous consentez à poser les armes, l'empereur vous réserve les plus grandes récompenses ; vous avez tout à attendre de sa clémence et de sa générosité. Votre puissance l'emporte de beaucoup sur celle d'O-po-Taë ; et puisque ce chef a été créé officier du gouvernement, vous pouvez prétendre aux plus hauts emplois. Vous agirez donc avec sagesse, si vous faites votre soumission ; c'est le seul moyen d'assurer votre tranquillité et votre bonheur, et de sauver la vie à tous vos partisans. »

A ces mots, Paou demeura immobile, comme une statue, et le médecin Chow continua :

« Je vous engage à vous occuper de cette affaire, et à ne pas attendre jusqu'au dernier moment ; il est possible qu'O-po-Taë, joignant ses troupes à celles du gouvernement, vienne vous attaquer avant que cela arrive ; hâtez-vous de suivre mes conseils. »

» Après cet entretien, le docteur se retira. Paou en conféra avec la reine, et il fut convenu qu'on s'aboucherait avec les autorités chinoises. La flotte des pirates alla donc mouiller à Hou-Mun, l'une des bouches du Tigre. Elle couvrait un espace de deux lieues. Deux mandarins se présentèrent d'abord avec la proclamation d'amnistie ; puis, à quelques jours de là, parut le gouverneur même de la province.

A l'apparition de ce haut dignitaire, l'enthousiasme des pirates fut au comble. Voulant lui faire une réception de leur goût, ils pavoisèrent leurs vaisseaux, jouèrent de tous les instruments bruyants qu'ils avaient à bord, tirèrent coup sur coup de nombreuses salves d'artillerie, firent enfin un tel tapage, que la population, accourue pour voir une fête pacifique, s'imagina que la guerre était déclarée, et se mit à fuir dans toutes les directions.

» Effrayé lui-même, le gouverneur prit l'alarme, et il retournait déjà sur ses pas, quand la veuve de Ching-Yih vint au-devant de lui, appuyée sur Paou et suivi de trois autres chefs de sa flotte. Arrivés en présence du représentant de l'empereur, ils se jetèrent à genoux, versèrent des larmes, frappant la terre de leurs fronts, et implorant la mansuétude impériale. Après cet acte de repentir, ils se retirèrent, promettant de donner la liste de leurs navires. La chose traîna pourtant encore; car des jonques de guerre portugaises ayant paru aux environs de la station de la flotte, les pirates se défièrent d'un piége, et, reprenant la mer, se tinrent sur la défensive.

» Comme cet état d'indécision se prolongeait, la veuve de Ching-Yih résolut d'y mettre un terme.

« Si le gouverneur général, dit cette intrépide
» héroïne, s'est confié à nous, pourquoi n'irai-je

» pas, moi qui suis une faible femme, trouver les
» officiers de l'empereur? S'il y a quelque danger
» dans cette démarche, le danger retombera
» tout entier sur ma tête ; je défends que per-
» sonne me suive. Ma résolution est prise ; j'irai
» à Canton. »

» Paou prit aussitôt la parole :

« Si la veuve de Ching-Yih, dit-il, se livre aux
» mains de ses ennemis, nous devons fixer un
» délai pour son retour. Ce délai expiré, si elle
» ne revient pas, nous réunirons nos forces et
» nous marcherons sur Canton ; c'est là mon opi-
» nion, camarades ; dites, est-ce la vôtre ? »

» Les pirates, frappés de l'intrépidité de leur souveraine, s'opposèrent néanmoins à cet acte de dévouement; ils ne voulurent pas qu'elle s'éloignât de la flotte. Heureusement, le jour même, les deux mandarins reparurent, protestant de la bonne foi des autorités, et annonçant à la veuve de Ching-Yih que le gouverneur l'attendait pour régler et signer les conditions de l'amnistie. Cette fois, la reine ne souffrit plus qu'on la retînt; elle partit accompagnée de quelques-unes de ses femmes, arriva à Canton, et descendit chez le représentant de l'empereur.

» Les promesses faites furent tenues ; les pirates eurent la vie sauve et leurs biens respectés. A mesure que les champans entraient dans le port, chaque homme recevait des provisions de toutes sortes; et, au lieu d'une part en nature dans les prises de la flotte, on lui comptait une forte somme d'argent. Parmi ces bandits, il y en eut qui prirent du service dans les flottes impériales, d'autres qui préférèrent se retirer de cette vie aventureuse et jouir à terre des richesses qu'ils avaient amassées.

» Le vaillant Paou consentit à entrer au service de l'empereur; il ne répugna même point à marcher contre d'anciens camarades, qui, bravant en petit nombre les ordres souverains, et dédaignant l'amnistie offerte, continuaient leur ancien métier d'écumeurs de mers. Il se livra donc encore de sanglants combats; mais la victoire fut toujours fidèle à Paou. Il parvint à faire prisonnier un redoutable chef appelé Shih-Url; un autre chef, nommé le *Fléau de la mer d'Orient*, tomba aussi sous ses coups, et les côtes de la Chine furent délivrées.

» Le gouverneur de la province, dont la sagesse avait su amener la soumission des pirates et la pacification des mers, fut élevé par un édit du fils du Ciel (l'empereur) à la dignité de grand mandarin, et fut autorisé à porter des plumes de coq à son bonnet. Depuis cette époque, les mers sont purgées de ces pirates, ou si quelques-uns de ces forbans ont persisté dans leur ancien genre de vie, ils ne constituent plus une force capable de résister aux armées de l'empereur, et un épouvantail incessant pour la contrée.

» Voici tout ce que je puis vous raconter de la Chine ; il me serait facile de faire une excursion dans le Japon et d'autres contrées voisines ; mais il ne faut point empiéter sur le terrain des autres ; notre compagnon le Japonais aurait le droit de s'en plaindre, et peut-être aussi l'auditoire. En conséquence, je reprends mon rôle d'écouteur.»

CHAPITRE IX.

Le Japon; sa situation; ses productions. — Ses lois; manière de rendre la justice. — Des princes et des différentes classes de ce pays. — Femmes japonaises. — Cérémonie du mariage. — Fête des lanternes. — Le point d'honneur chez les Japonais; anecdote. — Cérémonies funèbres.

Tous les regards se tournèrent alors vers le marchand japonais, qui prit à son tour la parole.

« Vous désirez connaître mon pays, dit-il, je vais vous satisfaire autant que je le pourrai. Il y a plus d'un rapport de ressemblance entre les usages et la physionomie du Japon et ceux de la Chine. Je ne m'attacherai qu'à faire remarquer ce qui les distingue.

» Le Japon est un empire considérable qui se compose de trois îles principales, entourées de quelques autres moins étendues. L'Archipel [a]

---

[1] On donne ce nom à un groupe d'îles.

du Japon est, en général, assujetti aux alternatives d'une chaleur et d'un froid extrêmes. Le sol, partout montagneux, est naturellement peu fertile. Cependant, en beaucoup d'endroits, le flanc des montagnes présente le spectacle d'une végétation riche et variée. Parmi les principales productions de cette contrée, on compte les diverses plantes potagères, le riz, les céréales, des fruits de diverses espèces, le poivre, le coton, l'indigo ; l'arbre à thé y vient sans culture. La capitale de tout l'empire est la ville de Jeddo, dans l'île de Niphon, formant à elle seule cinquante provinces.

» Dans notre pays, les lois sont sévères et la police ne laisse pas d'être assez bien faite. Le gouvernement entretient un grand nombre d'espions qui lui rendent un compte exact de tout ce qui se passe. La rigueur des lois est cause que beaucoup d'affaires, qui, sous certains rapports, sont très-graves, mais n'offrent rien de criminel, ne sont pas portées devant les tribunaux ; on les étouffe, et cette manière d'opérer se nomme *naïboun*. Les autres causes, c'est-à-dire celles qui se rapportent à des attentats véritables, sont jugées publiquement, et pour elles aucune commutation de peine ne peut avoir lieu. Dans plusieurs états, un comité de juges d'instruction, sous la présidence du gouverneur, est responsable des sentences qu'il rend ; en conséquence, il ne néglige rien pour approfondir la vérité. Il est rare que celle-ci ne sorte pas claire et évidente des débats ; c'est alors seulement que le tribunal prononce son arrêt.

» Devant le palais impérial à Jeddo (ou Yedo), ainsi que devant la résidence des gouverneurs impériaux, sont placées des boîtes carrées de deux pieds de long, destinées à recevoir les plaintes des particuliers contre les officiers du gouvernement. Quiconque se croit lésé dans ses droits peut y jeter une supplique. Ces boîtes sont ouvertes six fois par an. Deux officiers subalternes y sont constamment de garde pour observer ceux qui y mettent un écrit. Ces papiers doivent être scellés par le plaignant, signés de son nom, avec l'indication de sa demeure ; ils sont envoyés directement à l'empereur. Tous ces papiers sont ouverts à des jours fixes par le séogoun ou vice-roi, le but de cette institution étant de faire connaître les malversations des officiers inférieurs. Les recherches pour découvrir si les plaintes sont fondées se font sans délai. Si le plaignant a énoncé des faits inexacts, il est conduit à cheval par toute la ville ; on porte devant lui un drapeau de papier, qui a quelquefois neuf pieds de long, et sur lequel sont inscrits son nom, son âge, son délit ; il en est fait lecture à haute

.7.

voix dans tous les carrefours et dans les lieux où les ordonnances impériales sont ordinairement affichées. On finit par abattre la tête du coupable sur la place destinée aux exécutions.

» Les gouverneurs impériaux, qui sont chargés de l'administration des domaines et des cantons appartenant à l'Etat, ne peuvent faire exécuter aucune punition capitale sans y être autorisés par le souverain. Les princes feudataires sont sous ce rapport plus indépendants, mais ils craignent d'user de leur droit; car une exécution à mort est toujours regardée comme une honte pour le pays; de plus, ils encourent une réprimande et le mécontentement du souverain, si, par suite de quelque négligence dans leur administration, leurs sujets ont commis des actions criminelles qui leur ont mérité la peine capitale.

» Quoique tous les Japonais soient gouvernés par les mêmes lois, il y a pourtant une grande différence entre ceux qui vivent dans des provinces immédiatement soumises à l'empereur, et ceux qui habitent dans les domaines des princes. L'honneur d'être sujet du monarque universel du Japon, et d'occuper des emplois qu'il a conférés, n'égale pas le bonheur dont les habitants des petits états jouissent sous un gouvernement plus doux et plus paternel. Les délégués du souverain exercent une domination plus sévère; ils sont changés tous les ans ; ils n'inspirent qu'un respect forcé, de la crainte, c'est presque dire de la haine. On accable aussi le bas peuple de corvées auxquelles il se soumet sans murmures, mais qui ne sont pas suffisamment rétribuées. L'intérêt du prince exige au contraire qu'il se concilie l'attachement de ses sujets, et soutienne son autorité par une confiance mutuelle.

» Les princes feudataires, ainsi que chaque Japonais, ont leurs armoiries ; elles sont placées sur tous les objets qui leur appartiennent, et brodées sur leurs habits. Le cortége d'un de ces princes, accompagné de toute sa suite, est un des plus beaux spectacles qu'on puisse voir. L'ordre qui y règne est admirable. Devant lui, on porte des drapeaux et des étendards ornés de ses armes brodées en or dans des quartiers de diverses couleurs, ainsi que des lances, des hallebardes, des fusils, des pistolets renfermés dans d'élégants étuis de soie ou autres étoffes, des panaches et des queues de cheval placées au bout de longs bâtons à pommes d'or et garnis de bouffettes de soie ; des arcs et des flèches dans des carquois richement ornés ; des chevaux sellés ; les chiens et les faucons de chasse du prince y figurent aussi ; une bande de musiciens, de superbes palanquins l'accompagnent ; on porte à sa suite des coffres qui contiennent sa cuirasse et son casque. Dans ces occasions comme dans toutes les autres, les Japonais observent très-strictement les règles de l'étiquette ; personne n'ose faire quelque chose que son rang lui interdit, ou méconnaître la dignité de quiconque lui est inférieur.

» La classe marchande, quoique très-riche au Japon, ne jouit d'aucune considération personnelle ; aussi les négociants s'empressent-ils de se rendre agréables aux princes et aux grands en leur fournissant de l'argent, afin d'obtenir d'eux la permission d'entrer dans leur suite, et de se procurer par ce moyen le droit de porter, comme d'autres officiers, des signes distinctifs.

» Les classes inférieures de la société au Japon sont celles des artisans, des ouvriers et des paysans. Cette dernière est la moins aisée. Rarement le paysan possède la terre qu'il cultive ; il la prend à bail ordinairement, à condition de donner au propriétaire les trois cinquièmes du produit ; de sorte que celui-ci reçoit la plus grande partie de la récolte. Les métayers vivent ordinairement dans de misérables cabanes qu'ils construisent eux-mêmes ; malgré la pauvreté de ces habitants de la campagne, on peut dire qu'il n'y a point de mendiants au Japon. La profession regardée comme la plus abjecte est celle des écorcheurs, qui sont aussi obligés de servir de bourreaux et de geôliers. Ils forment une espèce de corporation, et ont le droit d'aller mendier à certains jours fixes du premier et du dernier mois de l'année.

» Il y a au Japon des usages qui sont étranges. Par exemple, il est étonnant qu'une jeune fille qui a atteint l'âge de seize à vingt ans, et qui est parée de tous les dons de la beauté, y renonce volontiers, uniquement pour se conformer à la mode. Ses dents, qui le disputent en blancheur à l'ivoire, sont noircies ; elle se fait raser les sourcils, se teint les lèvres en vert, et se couvre le visage en blanc. Il faut absolument qu'une femme qui veut passer dans la société pour bien élevée se conforme à ces usages. Si l'on ajoute à cela l'usage immodéré que nos dames font en toute saison des bains chauds, on conçoit facilement qu'elles paraissent généralement beaucoup plus âgées qu'elles ne le sont réellement. Du reste, les femmes japonaises possèdent les qualités qui doivent distinguer des épouses et des mères. Elles se plaisent à remplir leurs devoirs domestiques et y mettent leur bonheur, quoique leurs maris n'aient pas toujours pour elles les égards dus à leur mérite.

» Les Japonais se marient hors de l'enceinte des villes. Quand celui qui aspire à la main d'une jeune fille a fait les présents d'usage à son futur beau-père, on se rend à l'endroit où doit se célébrer la cérémonie nuptiale. On choisit ordinairement à cet effet un lieu pittoresque, sur un tertre élevé; on y dresse une tente dans laquelle se trouve la statue de la divinité qui préside au mariage et un autel qui lui est consacré. Le prêtre se met à réciter une prière; pendant ce temps, la jeune fiancée, placée à droite, allume son flambeau à une lampe suspendue dans le lieu saint, et donne à son tour le feu à son prétendu. Le flambeau de celui-ci allumé, la cérémonie est terminée.

» On célèbre au Japon une fête qui doit paraître bien bizarre aux étrangers. C'est la fête des lanternes, qui a lieu dans l'été en l'honneur des morts. Elle dure trois jours entiers. Vers le soir du second jour, les portes de toutes les maisons sont illuminées avec des lampes de diverses couleurs; tous ces préparatifs se font pour recevoir les âmes, qui, dit-on, quittent alors leur séjour céleste, pour venir visiter leurs parents et leurs amis. On se rend en foule au-devant d'elles. Arrivé au lieu où on s'imagine les rencontrer, on dépose à terre les aliments dont on s'est chargé, et on adresse aux âmes de tendres compliments et d'agréables invitations. On croit alors qu'elles viennent et qu'elles vous accompagnent jusqu'au logis. Le lendemain soir, on les reconduit la lanterne à la main, et on jette des pierres sur les toits pour les empêcher de s'arrêter en route; souvent pour mieux réusssir encore à se débarrasser de ces hôtes singuliers, on construit des bateaux de paille auxquels on attaches des chandelles ou des lanternes allumées. A minuit, on porte processionnellement ces bateaux jusqu'au bord de la mer, et persuadé que les âmes y sont entrées, on les abandonne aux vents et aux flots qui les ont bientôt submergées.

» Le trait le plus saillant du caractère japonais est un sentiment qui pousse le point d'honneur à l'excès, j'en conviendrai volontiers. Mais on ne doit point être étonné que la plupart d'entre eux aiment mieux mourir que de survivre à ce qui leur parait un déshonneur. Le moyen qu'ils emploient est ce qu'on nomme le suicide légal, lequel consiste à se couper le ventre.

» Ce n'est point une punition qui leur soit imposée par un jugement; mais c'est le dernier moyen dont tout homme bien né se sert pour éviter une condamnation publique et d'autres flétrissures semblables. On regarde donc comme un acte méritoire de procurer aux criminels, qui attendent leur condamnation, des moyens de se priver de la vie.

» Tous les officiers civils et militaires sont si

familiarisés avec l'idée que tôt ou tard ils se trouveront dans la nécessité de se couper le ventre, qu'ils sont toujours munis, outre leur costume ordinaire, de celui qui sert en cas de suicide légal, et de l'appareil nécessaire en cette occasion ; ils portent toujours le tout avec eux en voyage.

» Cet appareil est composé d'une robe blanche et d'un vêtement de cérémonie fait de toile de chanvre, le tout sans armoiries. On garnit l'extérieur de la maison de tentures blanches, car ordinairement les maisons des grands sont tendues de pavois de couleur, où sont brodées leurs armes. L'usage de se couper le ventre est si commun, que l'on n'y fait presque pas d'attention. Dans leur jeunesse, les fils de maisons de qualité s'exercent pendant plusieurs années pour s'en acquitter au besoin avec grâce et dextérité, et se faire par là une sorte de réputation. Ils s'y appliquent avec autant d'ardeur que les jeunes gens en montrent dans les autres pays pour les exercices du corps ; ce qui leur inspire, dès leur bas âge, un profond mépris de la vie. Aussi préfèrent-ils la mort à la plus légère insulte.

» Les lumières que j'ai rapportées de mes nombreux voyages m'ont convaincu de la stupidité de cet usage. Mais longtemps j'ai partagé à cet égard les préjugés de mes compatriotes. Il me revient en mémoire un fait qui pourra vous donner une idée de la susceptibilité de nos gens.

» Il y a environ vingt-cinq ans, un vaisseau de guerre anglais entra dans la baie de Naugasaki, par un chenal[1] extrêmement dangereux à cause des écueils qui s'y trouvent, et qui, pour cette raison, n'était point gardé par les Japonais, ordinairement très-vigilants. Ce navire ne fut aperçu que quand il était déjà à l'ancre dans la baie même, et environ à une lieue de Naugasaki.

» Les Japonais, ne se doutant de rien, le prirent d'abord pour un bâtiment hollandais ; mais quand ils virent hisser le pavillon anglais, ils firent des préparatifs formidables d'attaque. L'Anglais, qui, d'abord, ne s'était point aperçu du danger qui le menaçait, profita ensuite de la marée favorable pour sortir de la baie : ce qui fut très-heureux pour lui ; car le lendemain onze mille hommes armés étaient prêts pour l'attaque, et des centaines de bâtiments japonais s'étaient postés à l'entrée de la baie pour se faire couler, et empêcher par là le navire anglais d'en sortir.

» Le gouverneur de Naugasaki, qui était mon ami d'enfance, n'avait eu certainement en sa puissance aucun moyen d'empêcher cette violation de la baie ; il était donc parfaitement inno-

---

[1] Sorte de canal propre à recevoir des vaisseaux.

cent de ce qui était arrivé. Mais, selon les lois du pays, il n'avait aucun moyen de s'en justifier auprès de son souverain. Aussi, pour éviter le malheur auquel il ne pouvait échapper, il résolut de se donner la mort. Après s'être longtemps entretenu avec son premier adjoint, et avoir fait toutes les dispositions nécessaires, il quitta le palais du gouvernement, pour ne pas profaner un édifice appartenant à l'empereur, et se rendit dans un pavillon de son jardin, où, après avoir vidé, selon la coutume japonaise, le dernier gobelet de vin, il s'ouvrit le ventre avec un sabre en ma présence. C'est là le privilége de l'ami intime. Je l'assistai même en ce dernier moment, en lui enfonçant un petit couteau dans le cou pour qu'il expirât plus tôt.

» Comme la garde de la baie de Naugasaki est aussi dans les attributions du prince de Fisen, celui-ci fut également regardé comme coupable de négligence dans l'exécution de ses devoirs. Cependant une victime était déjà tombée; la punition du prince fut commuée en cent jours d'arrêt dans son palais, qu'on entoura d'une cloison de planches. Il fut encore condamné à payer une rente annuelle à la veuve et aux enfants de mon ami, qui avait eu la bonté de s'éventrer.

» Nos funérailles, au Japon, ont aussi des traits caractéristiques : les classes inférieures se bornent à inhumer les morts dans les cimetières ; on dépose le cadavre dans une tombe, après l'avoir couvert d'aromates ; puis, sur la terre qui le recouvre, on plante des arbres et des fleurs. Les enfants et les plus proches parents du défunt veillent à l'entretien du monument funèbre, pendant plusieurs années au moins, quelquefois durant toute leur vie. Ils cultivent, embellissent ce jardin, et viennent s'y reposer avec leur famille.

» Quant aux riches, on ne les inhume pas, on les brûle avec un cérémonial somptueux, et un immense concours de témoins. Une heure environ avant que le convoi sorte de la maison mortuaire, une foule de parents se rendent, vêtus de leurs habits les plus riches, au lieu où le corps doit être brûlé. Les femmes, parentes ou amies de la famille, sont vêtues de blanc ainsi que leurs suivantes ; car le blanc, chez nous, est la couleur du deuil ; et, en outre, elles jettent sur leur tête un voile bigarré. Alors arrive le supérieur de la secte à laquelle appartenait le mort. Porté dans une grande litière, il se montre tout éclatant d'or et de soie, entouré de ses prêtres vêtus d'une espèce de surplis et d'un manteau de gaze et de crêpe noir. Derrière lui, chemine un homme habillé de gris, portant une torche de pin enflammée, et suivi d'autres desservants qui chantent des hymnes à la louange de leur dieu.

» Ensuite défilent sur deux rangs, d'autres acolytes tenant des piques au bout desquelles sont suspendus des paniers de carton remplis de roses et d'autres fleurs de papier qu'ils secouent de temps en temps; puis s'échelonne le cortége avec des hommes portant des lanternes entourées de gaze transparente : et d'autres encore, la tête couverte d'un petit chapeau de cuir noir verni de forme triangulaire, auquel est attaché un billet portant en gros caractères le nom du défunt. Cette sorte de procession, entremêlée de bannières, de bonzes, d'amis, de parents et d'une foule d'autres personnes, se dirige vers le lieu où le bûcher a été élevé. —

» Le nombre des assistants s'élève quelquefois jusqu'à six cents. Tout ce cortége funèbre défile encore, que le corps du défunt n'est pas sorti de son domicile. Les hommes qui le portent arrivent enfin. Le corps est placé dans sa litière, vêtu de blanc, dans la posture d'un homme qui prie, la tête baissée, les mains jointes; il a par-dessus ses habits une robe de papier sur laquelle sont écrites des sentences des livres de la religion. La litière du défunt est soutenue par six porteurs; autour d'elle se rangent les enfants costumés avec la plus grande magnificence. Le plus jeune tient une torche destinée à mettre le feu au bûcher.

» Quand la litière est parvenue au lieu où le corps va être brûlé, le cortége alors, groupé dans l'enceinte funéraire, se met à pousser des cris horribles auxquels se joignent les vibrations de trente tamtams. Le bûcher est une pyramide de bois très-sec, recouverte d'une magnifique étoffe moirée. Aux deux côtés sont placées des tables garnies de confitures, de fruits et de pâtisseries; l'une d'elles, une seule, porte une cassolette remplie de charbons ardents et un plat contenant du bois d'aloès. Sur les lieux, le supérieur des bonzes entonne l'hymne des morts, que continue l'assistance; puis, après avoir promené trois fois sa torche sur la tête du défunt, l'officiant la remet entre les mains du plus jeune enfant de la famille qui allume le bûcher du côté de la tête du cadavre. Tous alors, et à l'envi, s'empressent de répandre sur ce bois pétillant de l'huile, des parfums, du bois d'aloès et une foule d'autres substances inflammables ou odoriférantes; après quoi, l'on se retire dans un silencieux recueillement, abandonnant aux pauvres le festin qui a été préparé.

» Le lendemain, les parents et les amis du défunt viennent recueillir dans un vase de porcelaine ses cendres, ses os et ses dents. On recouvre le vase d'un voile fort riche, et on le garde dans la maison pendant sept jours, au bout desquels on le transporte dans l'endroit où il doit être confié à la terre. Ces cérémonies entraînent pour l'ordinaire de grandes dépenses. Pour les hommes de qualité, elles s'élèvent à une douzaine de mille francs, dont l'officiant et ses acolytes touchent la meilleure part.

» Outre ce service pour chaque décès, il y a une fête annuelle pour tous les morts. On la nomme *Bon*. Ce jour-là des lanternes sont allumées à toutes les portes. C'est la fête dont je vous ai déjà parlé. »

CHAPITRE X.

Ambassade russe au Japon; difficultés et cérémonies à cet égard. — Lutteurs japonais. — Royaume de Siam. — Costume des soldats siamois. — Puissance absolue du roi de Siam. — Funérailles. — Législation; supplices.

« J'ai été témoin, continua le Japonais, de la réception faite à une ambassade russe au Japon. A peine le vaisseau qui la portait fut-il arrivé à Naugasaki, qu'il fut à l'instant même mis sous le séquestre, sans que ni aucun des officiers, ni l'ambassadeur lui-même pussent aller à terre.

» Ce ne fut qu'après les instances les plus vives que l'ambassadeur, malade et ayant besoin de la promenade, obtint d'être débarqué avec sa suite dans la petite île de Megasaki, poste bien fortifié, et situé à peu de distance du comptoir hollandais.

» Le jour du débarquement ayant été fixé, le

prince de Fisen, gouverneur de la province, envoya sa propre barque pour transporter l'ambassadeur. C'était une embarcation de cent vingt pieds de longueur, coupée en trois compartiments au moyen de deux cloisons intérieures. Au centre était l'appartement principal, subdivisé en petites pièces par des draperies de soie lilas aux armes du prince de Fisen. Les parois, enrichies de laques, offraient les mêmes armoiries enchâssées dans une mosaïque d'or. Une tente de fort belle tapisserie, un parquet vernissé et couvert de nattes, complétaient la petite dunette sur laquelle s'assirent l'ambassadeur et les principaux officiers. Quand cette magnifique barque déborda du vaisseau, et que les canons du bord saluèrent l'ambassadeur qui s'en allait, ce fut un merveilleux spectacle.

» A son arrivée sur la plage, l'ambassadeur fut conduit dans le logement qui lui était destiné. L'ambassade fut pour ainsi dire parquée dans un enclos ceint de palissades prolongées jusque dans la mer, et de telle sorte que les canots y naviguaient au milieu d'une double haie de bambous. Une porte à double serrure fermait l'entrée à ceux qui venaient du large, et l'on ne pouvait entrer et sortir que sous le bon plaisir des gardiens qui en avaient la clef.

» Emprisonné dans ce misérable endroit, l'ambassadeur, placé sous la plus intolérable surveillance, fut obligé d'attendre une réponse aux demandes qu'on avait faites à l'empereur, à Jeddo. Enfin, après cinq mois d'attente, arriva à Nangasaki un des plus nobles seigneurs de la cour, avec la mission formelle de recevoir l'ambassadeur russe en audience, et de pleins pouvoirs pour traiter l'affaire qui l'amenait.

» Le jour fixé pour l'entrevue, l'ambassadeur vint aborder au môle de Nangasaki. L'étiquette fut discutée longtemps à l'avance, puis enfin réglée tant bien que mal. Refusant positivement tout autre salut que le salut européen, l'ambassadeur fut obligé de consentir à quitter son épée et à se déchausser à la porte d'audience.

» Au moment où les Russes débarquèrent, toutes nos maisons étaient tendues de tapisseries aux armes impériales. Le cortége défila dans l'ordre suivant : en tête figuraient quarante personnes de diverses conditions, parmi lesquelles se trouvaient plusieurs notables, suivis chacun d'un domestique; puis venaient des soldats japonais, sans fusils, armés seulement de bâtons ; ensuite le palanquin de l'ambassadeur, porté par huit hommes et suivi du porte-étendard, des gentilshommes de l'ambassade, d'une foule de magistrats civils ; et, pour fermer la marche, seize à vingt soldats japonais commandés par un officier à cheval.

» L'ambassadeur, après s'être déchaussé, entra avec sa suite par un long corridor dans un appartement, dont les murs étaient ornés de fort beaux paysages. Au milieu de la pièce était tout l'attirail nécessaire aux fumeurs, la pipe, la boîte à tabac, le brasier allumé et le crachoir. Quand on avait fini de fumer, un domestique venait offrir une tasse de thé.

» Après une demi-heure de repos, l'ambassadeur passa dans la salle d'audience avec deux gentilshommes seulement. Le délégué de l'empereur s'y trouvait accroupi sur une natte dans l'immense appartement. Il débuta par une foule de questions presque impertinentes, auxquelles l'ambassadeur répondit de son mieux; après quoi, il renvoya les explications détaillées à une autre audience qui eut lieu le lendemain. Alors le délégué de l'empereur remit à l'ambassadeur russe, de sa main, et avec beaucoup de cérémonies, un écrit qui contenait un refus plein de politesse, mais un refus positif d'accorder aux Russes l'entrée de l'empire du Japon. Vainement l'ambassadeur fit-il tous ses efforts pour arriver à un résultat quelque peu satisfaisant. Il ne put rien obtenir, et fut obligé de se rembarquer, maudissant les Japonais, et plus encore les Hollandais qui, pour conserver leur influence dans le pays, n'avaient sans doute pas été étrangers à cette déconvenue des Russes.

» Un des délassements de nos peuples du Japon est le spectacle de la lutte. Figurez-vous une enceinte pleine de curieux. Autour de l'arène, qu'encadre une barrière en bois, des gradins en amphithéâtre portent une foule bizarrement vêtue, bruyante, appelant les lutteurs, les excitant de la voix et du geste. Au-dessus d'elle, et dans une espèce de belvédère élevé, sont placés quelques officiers de police, chargés soit de contenir et surveiller cette multitude, soit d'intervenir dans le conflit des lutteurs.

» A un signal donné, les lutteurs entrent dans la lice. Ils sont à demi nus, la tête entourée d'un réseau qui laisse échapper la natte de leurs cheveux. Nus jusqu'à la ceinture, ils portent un vaste caleçon que soutient une corde. Leur ceinture consiste en une large plaque en cuivre aux armes de l'empereur. Ordinairement ces athlètes sont doués d'une prodigieuse force musculaire. Trapus, carrés, les membres courts et forts, on voit dans leurs jarrets les conditions d'une lutte herculéenne. Mais, suivant l'usage, dans ces sortes de luttes, les combattants se ménagent, et je trouve qu'ils ont bien raison ; ils cherchent plutôt à développer leurs formes, à se poser en groupes académiques. Puis, pour finir, ils s'attaquent, s'enlacent plus vivement, jusqu'à ce que l'un d'eux laisse sur le sable la trace de ses épaules. Alors la pièce d'or, prix du combat, est remise au vainqueur par les juges du pavillon.

» Maintenant permettez-moi de vous dire quelques mots sur quelques contrées que j'ai parcourues plusieurs fois dans ma vie, et que je connais aussi bien que le Japon lui-même. Je commencerai par le royaume de Siam.

» Ce pays est situé au fond d'un vaste golfe, auquel il a donné son nom. Il est borné, au nord et à l'ouest, par une chaîne de montagnes qui le sépare de l'empire birman. Le roi de Siam jouit d'un pouvoir illimité. On ne lui parle que prosterné, même dans son conseil. Ses réponses sont reçues comme des oracles, et ses ordres s'exécutent à l'instant même. Quand il sort, il faut que, par respect, chacun se renferme chez soi. Un des principaux articles du luxe de ce prince, ce sont ses éléphants; aussi ajoute-t-il à tous les titres dont il fait suivre son nom celui de roi de *tant d'éléphants*. On mène ces animaux boire à la rivière au son des instruments, et l'on porte ordinairement des parasols devant eux.

» Le costume des soldats siamois est fort économique, comme vous allez voir. Ils n'ont pour tout habit qu'une pièce de toile qui leur couvre le milieu du corps. Tout le reste, c'est-à-dire l'estomac, le dos, les bras et les cuisses, demeure à nu. Leur chair, toute découpée, représente plusieurs sortes de fleurs et d'animaux. Après qu'ils se sont ainsi découpé la chair, et que le sang est sorti, ils frottent ces fleurs et ces animaux des couleurs qui leur plaisent, et l'on dirait, à les voir de loin, qu'ils sont vêtus d'une étoffe de soie à fleurs, ou de quelque toile peinte ; ces couleurs sont ineffaçables. Ces soldats sont armés d'arcs et de flèches ; ils ont en outre un mousquet, une pique et une sagaie.

» Lorsqu'un Siamois meurt, les parents déposent le corps dans un cercueil bien couvert. Ils le font descendre par un trou pratiqué dans le mur, et lui font faire avec promptitude trois fois le tour de la maison. On découvre ensuite le cercueil, et l'on remet le corps entre les mains de l'homme chargé de le brûler, moyennant une pièce de monnaie qu'on a soin de mettre dans la bouche du défunt. Le *samparen* (c'est le nom qu'on donne à celui qui remplit ces fonctions) lui lave le visage avec de l'eau de coco. Si le défunt a ordonné que son corps soit mangé par les vautours et les corbeaux, le samparen le dépèce et donne ses chairs aux oiseaux de proie qui, attirés par l'odeur du cadavre, ont soin de se tenir prêts pour la cérémonie. C'est pourquoi les Siamois mettent ces animaux au rang des anges. Après cette horrible opération, le squelette est jeté dans un bûcher allumé.

» Dans les grands deuils, les Siamois portent des vêtements blancs et se rasent la tête.

» Ces peuples ont quelques lois assez bonnes, mais beaucoup de très-imparfaites. L'argent, chez eux plus que partout ailleurs, est un moyen de les éluder et de se tirer d'affaire. L'usure est permise ; le droit d'asile est admis à Siam ; les églises catholiques et le terrain qui les environne jouissent aussi de ce privilége. Un criminel qui se réfugie dans une pagode siamoise, et qui prend la robe de talapoin [1], obtient sa grâce du roi.

Le code pénal des Siamois est d'ailleurs fort doux ; le roi ne se décide que très-difficilement à signer un arrêt de mort. Un simple particulier est-il condamné au dernier supplice, on lui tranche la tête. Quant aux grands seigneurs qui se trouvent dans le même cas, ils sont assommés, cousus dans un sac et jetés à la rivière.

» La peine la plus forte et la plus flétrissante est d'être condamné à nourrir les éléphants. Il faut chaque jour aller cueillir pour ces animaux une quantité d'herbes considérable, et si l'on ne remplit pas bien sa tâche, on est rudement châtié à coups de bâton. Ceux qui subissent cette peine sont marqués au front d'un fer rouge, et leur peine dure autant que leur vie. »

---

[1] C'est le nom de leurs prêtres.

INDIEN. 175

CHAPITRE XI.

Royaume d'Ava; les Birmans; exécution des criminels. — Cérémonies bizarres. — Fourmis ailées. — Corneilles voleuses. — Funérailles des prêtres birmans. — Culture de ce pays. — Royaume de Tunquin. — Magiciens et magiciennes. — Royaume d'Achem; lois sévères. — Nation des Battas; anthropophagie. — Orang-outang. — La presqu'île de Corée.

« Passons, dit ensuite le Japonais, passons du royaume de Siam à celui d'Ava, qui en est voisin. Ce pays est habité par les Birmans, peuples qui, dans leur ensemble, offrent un mélange confus des races mongole, hindoue, chinoise et malaise. Ces hommes sont petits, robustes et bien faits; leur teint est bronzé; leurs cheveux sont noirs, rudes, plats et touffus. On remarque assez généralement sur la peau des hommes une sorte de tatouage cabalistique dont ils se font honneur. Les hommes et les femmes portent des boucles d'oreilles et des clous dorés. Tout le monde porte des sandales pour chaussure, même les gens du peuple.

» Les femmes jouissent de leur liberté dans toute l'étendue de ce royaume ; elles sont à peu près les seuls ouvriers de ce pays. Ce sont elles qui filent, tissent, teignent le coton, et fabriquent les étoffes rayées que l'on emploie pour confectionner la plupart des vêtements.

» Les coutumes des Birmans sont assez douces en général ; mais leurs lois sont atroces. La rigueur des châtiments est poussée jusqu'à la barbarie. Les moins sévères sont l'emprisonnement et les chaînes. Viennent ensuite la flagellation, la mutilation, l'esclavage dans les temples, puis la mort sous toutes les formes, suivant le caprice du juge qui porte la sentence de condamnation. Le condamné peut être décapité, éventré, noyé, brûlé vif ou livré aux bêtes féroces ; tantôt on traverse la poitrine du patient avec un pieu aigu, tantôt on l'expose sur les bords du fleuve, attaché à une potence, de manière qu'il soit noyé par la marée.

» Dans certaines localités, on crucifie les condamnés, ou on leur verse du plomb fondu dans le gosier. Du reste, les suppliciés montrent une constance et un flegme qui se démentent bien rarement. On a vu un déserteur birman manger tranquillement une banane, tandis que le bourreau lui découpait les entrailles.

» Les prisonniers de guerre ne sont pas mieux traités que les condamnés dans le royaume d'Ava. Les Anglais même, lorsqu'ils tombent au pouvoir des Birmans pendant la guerre, ne sont pas plus ménagés que les autres. Des geôliers avides et cruels les rançonnent impitoyablement. On en a vu qui, las d'exactions sans cesse renouvelées, voulaient s'y refuser absolument; mais un horrible moyen fut employé pour les réduire. Voici comment s'y prit l'infernale industrie des bourreaux-geôliers.

» Les prisonniers de chaque chambre avaient les pieds enchaînés à une longue poutre que des cordes rattachaient aux murs de la prison. Une nuit, réveillés en sursaut, ces malheureux se sentirent suspendus la tête en bas à la poutre qu'on avait hissée par l'un des bouts. Après être restés quelque temps dans cette position intolérable, ils capitulèrent avec leurs bourreaux, en se dessaisissant des dernières pièces de monnaie qu'ils possédassent encore.

» Il y a chez les Birmans quelques cérémonies bizarres. Ainsi ils ont coutume d'exorciser le cadavre d'une femme morte en couches, parce que, suivant eux, elle a été transformée en mauvais génie. Pour pratiquer cet exorcisme, le mari

8.

marche en tête du convoi funèbre, en agitant autour de lui l'air avec ses armes, et en se tordant comme un convulsionnaire. Quand il a été constaté que la défunte est morte en couches, le divorce est prononcé; puis on fait l'ouverture du cadavre; le mari tourne ensuite trois fois autour du cercueil, retourne chez lui et se lave la tête, pour ne reparaître qu'au moment où le corps sera livré aux flammes.

» Parmi les fléaux de la Birmanie, il faut signaler une espèce de fourmi dont la piqûre est douloureuse. On y voit en outre des fourmis ailées, des punaises vertes, et des quantités effroyables d'autres insectes. Six ou sept semaines avant la saison des pluies, ces insectes s'abattent sur tout; ils couvrent les tables, les meubles, les personnes; ils inondent les appartements, se mettent dans tout, dans l'air qu'on respire, dans les liquides qu'on boit, dans les aliments dont on se nourrit.

» Cela dégoûterait dans tout autre pays; mais les Birmans y sont accoutumés, et n'en éprouvent aucune répugnance; car, au lieu d'éviter ou de chercher à détruire les fourmis ailées, les Birmans en font d'amples provisions qu'ils préparent et conservent. Pour réussir dans cette chasse d'un genre particulier, il suffit de mettre une grande quantité de plats remplis d'eau autour d'une lumière. Attirées par la clarté, les fourmis accourent, tombent dans l'eau par milliers, et viennent offrir une ample provision au chasseur.

» Un autre fléau du royaume d'Ava, c'est une race de corneilles criardes et maraudeuses, qui exercent des déprédations et des ravages dans toutes les maisons du pays. Toute porte, toute croisée ouverte leur sert de passage; elles viennent dérober, sous les yeux mêmes de ceux qui prennent leur repas, les œufs, le beurre, le pain qui leur sont destinés; elles infectent tout de leurs ordures; et il n'est possible de se mettre à l'abri de leurs brigandages, qu'en tenant fermées toutes les fenêtres et les autres ouvertures.

» Ces corneilles, véritables harpies [1], enlèvent des couvées entières d'oiseaux, sans que la pauvre mère puisse les défendre.

» Quand un prêtre birman meurt, on ouvre le corps, on en retire les entrailles, et on l'allonge; les extrémités inférieures sont fortement attachées ensemble, et les supérieures sont fixées au tronc de la même manière. On frappe tout le corps avec des bâtons et on en fait sortir tout le sang. Cette opération terminée, on fait des en-

---

[1] Les harpies, suivant la fable, étaient des monstres qui avaient un visage de femme, le corps d'un vautour, avec des ailes, des griffes aux pieds et aux mains, et des oreilles d'ours. Elles étaient filles de Neptune et de la Terre.

tailles diagonales, à la distance de six pouces l'une de l'autre, sur les bras, les jambes et le tronc, et on les remplit, ainsi que l'intérieur du corps, d'une composition de sel et de camphre. Alors on le serre fortement tout alentour avec un cordon qui sert à retenir les ingrédients de l'embaumement, et à empêcher la décomposition. Ensuite on le pose en haut de la maison sur des bambous, et on place dessous un vase pour recevoir ce qui en découle. Cette opération terminée, on enlève le corps, on le coud dans une toile cirée, on le pose horizontalement, et on le couvre d'une espèce de préparation composée de résine et d'huile, afin d'empêcher le contact de l'air. Comme la physionomie du défunt doit avoir subi une grande altération, on pose sur sa face un masque de cire qui représente son visage, et tout le reste est enduit d'une couche de la même substance, que l'on revêt d'or. Alors on fait une espèce de table qui est couverte de miroirs, sur lesquels sont peintes diverses espèces de fleurs; on étend le corps sur cette table, et on le transporte dans une chapelle, où il reste exposé, pendant une ou plusieurs années, à la vénération du public.

» Des milliers de Birmans et d'habitants des royaumes de Pégu et d'Aracan, tous adorateurs de Bouddha [1], se rassemblent à cet effet, et vont

[1] Fameuse divinité indienne.

au sanctuaire, afin d'y offrir des sacrifices de tous genres pour sa consécration. Le terme fixé étant expiré, la consécration de la chapelle est proclamée publiquement par les prêtres, et un édit ordonne à tous les fidèles d'y assister, parce que c'est le plus solennel et le plus indispensable de tous les rites et de toutes les cérémonies de leur culte.

» Alors le canton devient le rendez-vous d'une affluence prodigieuse. On se procure une poutre d'environ quinze pieds de longueur et de huit de circonférence ; cette poutre est creusée, remplie de poudre à canon, et posée sur une petite voiture. Des milliers d'individus la traînent à la demeure du grand-prêtre, au milieu des acclamations de la foule. La voiture qui porte le corps est placée vis-à-vis d'une des extrémités de la solive ; on l'en approche, et l'on applique une lumière à l'autre bout. Aussitôt une terrible détonation se fait entendre, et le corps, réduit en atômes, est poussé à une grande distance.

» A la vue d'un tel spectacle, la populace s'imagine que le saint prêtre s'est enlevé au ciel. Si, après l'explosion, on retrouve quelques fragments des os, on les recueille avec dévotion et on les confie à la terre.

» Les Birmans cultivent le coton dans presque toutes les parties de leur pays. Cependant la plus abondante des récoltes se fait dans les cantons situés entre Ava et Promé. On sème le coton dans des terres préparées exprès. La semaille a lieu à peu près au commencement de la saison des pluies, c'est-à-dire en avril ou en mai, et l'on récolte en octobre ou en novembre. On sème à la volée après que la graine a été bien lavée dans l'eau, et les champs sont sarclés trois fois avant que la plante ait atteint la hauteur de trois pieds. Quelquefois on mêle avec le coton des brindjals et autres plantes potagères.

» Les Birmans ne connaissent que le coton annuel. Le coton rouge employé pour faire le nankin se sème fréquemment dans les mêmes champs que le blanc. Les Birmans fabriquent avec le coton rouge une espèce de toile dont les femmes se font des camisoles; cette toile n'a pas besoin d'être souvent lavée, ce qui n'est pas indifférent pour les Birmans qui ne se piquent nullement de propreté.

» Si l'on passe dans le royaume de Tunquin[1], on trouve d'autres usages, d'autres cérémonies. Là, les habitants tiennent à grand déshonneur d'avoir la tête nue, ce qui ne convient chez eux qu'aux criminels que l'on fait raser dès qu'ils sont saisis. De cette sorte, il serait difficile à un cri-

---

[1] Ce royaume est appelé aussi Annam ou Ay-Nam.

minel d'échapper au châtiment, en quelque lieu qu'il pût être. Dès que l'on rencontre un homme qui n'a point de cheveux, on l'arrête, et on le conduit devant le gouverneur de la province qui le fait aussitôt crucifier.

» Les habitants du royaume de Tunquin ont une grande vénération pour leurs magiciens et leurs magiciennes. Le premier des magiciens, qu'on appelle *Tay-Bou,* leur fait accroire qu'il lit dans l'avenir ; de sorte que quand ils veulent marier leurs enfants, bâtir une maison, faire l'acquisition de quelque terre, entreprendre quelque négoce, ils vont consulter cet oracle pour savoir ce qui leur arrivera.

» Le magicien leur fait un doux accueil, et avec une feinte modestie leur demande, par exemple, l'âge de la personne qui est sur le point de former une de ces entreprises ; puis, ayant pris un grand livre épais de trois doigts, où il n'y a que des figures d'hommes et de toutes sortes d'animaux terrestres et aquatiques, et de cercles, de triangles, de carrés, il ouvre ce grimoire, et met en même temps dans un gobelet trois pièces en cuivre, où d'un seul côté se trouvent des caractères gravés. Après avoir bien remué ces trois pièces, il les jette à terre comme au sort. Si tous les caractères se trouvent dessous, il ne daigne pas regarder dans son livre, et c'est un très-mauvais présage pour la personne, objet de la consultation. Mais si un caractère ou deux viennent dessus, il regarde dans son livre, et fait là-dessus, dans un sens ou dans un autre, mille contes à ceux qui sont venus le consulter.

» Si le hasard veut que les caractères des trois pièces viennent dessus ensemble, alors le magicien s'écrie que celui qui l'a envoyé interroger est la personne du monde la plus fortunée.

» Le second magicien, appelé *Thay-Phou Thouy*, est celui auquel ils ont recours pendant leurs maladies. Quand un malade vient lui demander son avis, il prend un livre semblable à celui dont nous avons parlé. Il n'y a de différence que dans la forme du livre; celui-ci n'est que de la grosseur du pouce, et d'environ quatre doigts de long, à huit pans sur chacun desquels il y a plusieurs chiffres. Si, après plusieurs singeries qui ont pour objet d'amuser le malade et de lui en imposer, le magicien dit qu'il reconnaît que la maladie vient du démon, alors il lui fait hommage avec le malade et avec ceux qui l'ont amené.

» Cet hommage à l'esprit infernal consiste en plusieurs sacrifices. Les amis du malade présentent au démon, ou plutôt au magicien, une table chargée de riz et de viandes. Mais si, après toutes ces offrandes, le malade ne recouvre pas la santé, ses parents et ses amis, avec le plus de soldats qu'ils peuvent réunir, entourent le logis du malade et font trois décharges de mousquet, pour chasser, disent-ils, le démon de la maison. Quelquefois ce magicien fait accroire au malade et à ses parents que c'est le dieu des eaux qui cause la maladie, et c'est surtout quand le malade est homme de mer ou de rivière, comme matelot, batelier, pêcheur. Alors, pour obtenir la guérison, il faut obliger le dieu de retourner dans son empire aquatique. Pour cela, le magicien ordonne que le chemin qui s'étend depuis le logis du malade jusqu'à la rivière la plus proche soit couvert des plus belles pièces d'étoffe que la famille puisse avoir, et que d'espace en espace on dresse des huttes, dans chacune desquelles il y ait deux tables couvertes, pendant trois jours, de toutes sortes de viandes ; tout cela pour inviter le dieu à se retirer et lui faire honneur jusqu'à ce qu'il rentre chez lui.

» Mais, pour mieux connaître la source de la maladie, le prétendu magicien fait accroire à ses clients qu'il faut qu'ils aillent consulter le thaybou, et si celui-ci répond que les âmes des morts ont causé cette maladie, le magicien emploie toutes ses ruses et ses artifices pour attirer à soi ces âmes malfaisantes ; et quand il a pu avoir, à ce qu'il prétend du moins, celle qui cause le mal, il la renferme dans une bouteille pleine d'eau, jusqu'à ce que le malade soit guéri ; alors on casse la bouteille, et l'âme a la liberté de s'en aller. On laisse à juger à quelle récompense le magicien a droit de prétendre, pour avoir su tenir ainsi renfermée une chose aussi subtile qu'une âme. Je noterai, en passant, que, dans le royaume de Tunquin, on croit généralement au passage des âmes d'un corps dans un autre.

» J'ai à vous parler encore de la magicienne que les Tunquinois vont aussi consulter. Elle se nomme *Bacoti*, et entretient de continuelles intelligences avec le démon ; c'est la croyance universelle. Si cette magicienne devient mère d'une fille, elle en fait offrande au démon au moment même de sa naissance, afin d'obtenir pour elle les bonnes grâces de l'esprit malin qui lui procurera, selon elle, plus de connaissances dans la magie. Quand une mère pleure la mort de son enfant, et qu'elle veut savoir dans quelle situation se trouve son âme dans l'autre monde, elle va trouver cette Bacoti, qui, pour contenter son désir, se met aussitôt à battre du tambour, pour appeler par ce bruit l'âme de l'enfant mort. Elle prétend alors que cette âme lui apparaît à l'instant et lui donne tous les renseignements demandés. Mais ordinairement la Bacoti dit à la pauvre mère que l'âme de son enfant est bien heureuse au lieu où elle est, et qu'il faut qu'elle se console, à moins qu'elle ne veuille qu'on croie qu'elle a de la douleur de savoir que son enfant est heureux. J'ai toujours admiré cette supercherie, d'ailleurs bien innocente dans ses moyens, et dont le but est de calmer la douleur d'une mère.

» Au royaume d'Achem, qui s'étend au nord-ouest de Sumatra, l'une des îles de la Sonde, la justice s'exerce d'une manière très-rigoureuse. On y punit les moindres larcins comme de grands crimes. Tantôt on suspend le coupable à un arbre avec un canon ou un poids très-lourd à ses pieds; tantôt on lui coupe un doigt, une main, une jambe, suivant la gravité du cas. Une foule de malheureux ainsi mutilés circulent dans les rues d'Achem, ou servent à bord des navires malais.

» Les voleurs de grands chemins sont brûlés, puis exposés sur un pieu. L'adultère est aussi l'objet d'une punition très-sévère. On livre le coupable aux parents de l'offensé, qui forment un cercle serré autour de lui. Alors on lui donne une arme, avec laquelle il doit chercher à s'ouvrir un passage au travers de ses bourreaux; s'il y parvient, il est désormais à l'abri de toutes poursuites; mais d'ordinaire il est mis en pièces au même moment. On l'enterre alors comme on ferait d'un bison, sans formalités et sans funérailles.

» Et tel est l'effet inévitable de lois si cruelles,

qu'il n'est peut-être pas de nations dans toute l'Asie dont les mœurs soient aussi relâchées que celles des habitants du royaume d'Achem. La crainte du châtiment n'est un frein que pour le plus petit nombre.

» Au nord et sur les limites du royaume d'Achem, on rencontre la nation des Battas, la plus curieuse de toute l'île de Sumatra, et la plus bizarre aussi bien par ses traditions que par ses mœurs.

» Les Battas sont moins grands que les Malais, mais ils ont le teint plus beau; ils ont de l'activité, du courage; mais malheureusement ils se passionnent pour les jeux de hasard. Il n'y a pas encore un siècle que l'on a pénétré dans l'intérieur de cette contrée, qui offre le contraste d'une civilisation avancée et de coutumes barbares.

» Les Battas sont doux, hospitaliers, honnêtes, industrieux, et avec toutes ces bonnes qualités, ils sont anthropophages. Remarquez cependant que cette monstruosité est moins chez eux un vice de leur nature, que l'effet du respect qu'ils professent pour les usages de leurs ancêtres. Les cas où il est permis de manger de la chair humaine sont déterminés par un code de lois de la plus haute antiquité.

» Ce code condamne à être dévorés vivants

ceux qui commettent un vol au milieu de la nuit, les prisonniers faits dans les guerres importantes, ceux qui attaquent traîtreusement un village, une maison, une personne. Cette loi atteint encore d'autres crimes.

» Voici la forme de ces sortes de jugements. Quiconque est coupable de quelqu'un des crimes dont je viens de parler comparaît devant un tribunal compétent. Quand les témoins ont été entendus, la sentence est prononcée; puis les juges boivent un verre de liqueur, cérémonie qui équivaut à signer et à sceller l'arrêt. On laisse ensuite deux ou trois jours s'écouler pour que le peuple ait le temps de s'assembler. Enfin, au jour fixé, on amène le condamné, on l'attache à un arbre ou à un poteau, les mains en croix. La partie plaignante s'approche et choisit le morceau de la victime qui est le plus à sa convenance; en général, ce sont les oreilles; ensuite les autres assistants viennent se servir les uns après les autres, suivant leur rang et selon leur goût. Cet horrible repas terminé, le plaignant coupe la tête du malheureux condamné, l'emporte chez lui comme un trophée, la place sur le devant de sa case, et dépose soigneusement dans un bocal la cervelle, qui, suivant les Battas, a des propriétés magiques. On ne touche point aux intestins; mais on se dispute comme morceaux très-délicats le cœur, la paume des mains et la plante des pieds. La chair de la victime est mangée tantôt crue, tantôt grillée, mais toujours sur place. Il y a toujours là, pour cet horrible festin, des citrons, du sel, du poivre et autres assaisonnements; plusieurs convives apportent des chalumeaux faits avec des bambous creux, et ils s'en servent pour aspirer le sang du supplicié. Les hommes seuls sont conviés à ce banquet de cannibales.

» On m'a assuré que les Battas préféraient la chair humaine à toute autre viande. Cependant, malgré ce goût bien prononcé, il est sans exemple qu'ils cherchent à le satisfaire hors des cas prescrits par la loi. Il est même très-digne de remarque que, dans ces occasions, ils ne procèdent ni par passion ni par esprit de vengeance, mais avec une gravité, un calme, un sang-froid vraiment incroyables.

» Cette impassibilité ne disparaît que quand il s'agit de manger des prisonniers de guerre. Alors les Battas, si habituellement calmes, deviennent de furieux frénétiques; ils vont même parfois jusqu'à déterrer un corps. Autrefois, la coutume voulait qu'on mangeât les vieillards lorsqu'ils ne pouvaient plus travailler; coutume qui semble n'avoir été établie que par un génie infernal! Les vieillards, victimes résignées à leur sort, choisissaient une branche d'arbre, et s'y suspendaient par les mains, tandis que leur famille et leurs voisins dansaient autour d'eux en chantant : « Quand le fruit sera mûr, il tombera. » Ces immolations avaient lieu ordinairement dans la saison des citrons, et à l'époque où le poivre et le sel abondaient aussi. Dès que les victimes suspendues aux branches se laissaient tomber, les assistants se jetaient sur elles et les dévoraient. Heureusement cette épouvantable coutume est abolie aujourd'hui; mais encore à présent, en temps de paix, cent malheureux sont mangés annuellement par les Battas.

» On trouve dans les forêts de l'île de Sumatra un animal dont l'espèce est extrêmement rare. Il a les formes et la taille de l'homme ; son corps est bien proportionné, sa tête large et carrée, la bouche très-fendue. Une barbe longue et frisée orne ses lèvres et ses joues. Le poil qui recouvre tout son corps est poli, doux et reluisant, quand l'animal est jeune. Il est d'une force prodigieuse et d'une adresse incroyable. C'est l'animal qu'on a appelé homme des bois, et dont le vrai nom est orang-outang. L'équipage d'un vaisseau sur lequel je me trouvais en qualité de passager ayant un jour mis pied à terre à Rambonn, dans le nord-ouest de Sumatra, nous aperçûmes, au milieu d'une plantation d'arbres clair-semés, un orang-outang d'une taille gigantesque.

» A l'aspect des nouveaux débarqués, l'animal descendit de l'arbre sur lequel il était perché; mais quand il vit qu'on voulait l'attaquer, il grimpa sur un autre tronc. Dans sa fuite, il offrait l'aspect d'un homme d'une haute stature, couvert de cheveux luisants et noirâtres, mais dont l'allure aurait eu besoin de temps à autre d'un point d'appui qu'il trouvait tantôt dans ses mains appuyées sur le sol, tantôt sur les branches qui pendaient sur sa route. Quand il se fut perché de nouveau sur un arbre, sa vigueur se révéla tout entière. Il sauta d'un tronc à l'autre, d'une branche à l'autre, avec la même agilité que les plus petites et les plus lestes espèces de singes. L'orang-outang allait plus vite qu'un cheval au galop. Sa mobilité, sa souplesse étaient si grandes, qu'on ne put même parvenir à l'ajuster.

» Ce ne fut qu'après l'avoir assiégé en bonne forme, qu'après avoir abattu plusieurs arbres, qu'on parvint à l'isoler et à lui envoyer plusieurs balles dont quelques-unes l'atteignirent. Une d'elles lésa sans doute les poumons, car il vomit à l'instant des flots de sang. Nous le croyions expirant au milieu des feuilles, quand, à la grande surprise des chasseurs, on le vit bondir de nouveau et courir vers d'autres arbres. Alors on s'élança sur lui, on le cerna. Mais, loin de céder au nombre, l'animal se redressa valeureusement, et prit l'attitude d'un homme déterminé à se défendre jusqu'à la mort.

» Comme les hommes de l'équipage le harcelaient à coups de piques, il en saisit une et la rompit en deux comme il aurait fait d'un morceau de pain. Mais, se sentant épuisé, l'animal prit l'expression d'une suppliante douleur; il toucha ses blessures, les montra d'une manière si piteuse, que les chasseurs se sentirent émus. Bientôt après le malheureux orang-outang laissa tomber sa tête; il était mort. L'animal, étendu sur le sol, semblait avoir six pieds de hauteur; il eût dépassé de toute la tête l'homme le plus grand de l'équipage.

» J'ai vu, à bord d'un autre bâtiment, un de ces animaux, qui vivait familièrement avec les matelots. Il servait le café à table, rendait une foule de services, nettoyait le pont et puisait de l'eau; il soignait les habits d'un officier comme l'aurait fait un valet de chambre. Quand il était malade, il se faisait tâter le pouls et médicamenter. Si on le corrigeait pour quelque faute, il montrait du repentir comme un enfant qui pleure.

» Mais je m'aperçois que je viens de m'éloigner de notre vieux continent pour aborder des îles que de nouvelles découvertes rattachent à une autre partie du monde, mais qui n'en ont pas moins fait bien longtemps partie de l'antique Asie.

9

Je retourne donc en terre ferme ; il est bientôt temps, ce me semble, que je me décide à jeter l'ancre.

» Je n'ai plus que très-peu de choses à dire. J'aurais dû, en traitant de mon pays, vous parler aussi de la Corée, presqu'île en partie dépendante de la Chine, et tributaire du Japon. Ce pays est séparé de la Chine par de hautes montagnes et par des forêts peuplées de bêtes féroces. Du côté de la mer, la Corée est entourée d'écueils et de bas-fonds. Son étendue est évaluée à huit mille lieues carrées. D'énormes crocodiles infestent ses fleuves. Les superstitions n'y manquent pas non plus. En voici une des plus étranges.

» Les habitants de ce royaume tributaire du Japon ne croient pas que toutes les saisons soient propres aux enterrements. Si l'un d'entre eux meurt l'été ou l'hiver, ils le mettent bien dans un cercueil, mais ils gardent ce cercueil dans une loge de roseaux élevée sur quatre pieux, jusqu'à l'automne ou au printemps. L'une de ces deux saisons arrivée, suivant celle où le défunt a cessé de vivre, ils transportent le cercueil au lieu de la sépulture, désigné d'avance par les sorciers. Ils demandent ensuite à ces devins si le défunt est content du lieu où il est enterré. Dans le cas d'une réponse négative, les Coréens portent le corps ailleurs. »

CHAPITRE XII.

La chasse du tigre. — Description du Thibet. — Le grand lama. — Dangers auxquels sont exposés les voyageurs qui veulent pénétrer dans le Thibet. — Funérailles des Thibétains.

Suspendons un moment les curieux récits des marchands réunis dans le caravansérail. Il nous faut parler ici d'un incident qui marqua le séjour de M. Wilson et de Francis dans le voisinage de la ville de Lucknow.

Le nabab-visir, qui leur avait offert un logement dans son palais, où il aimait à réunir souvent nombreuse compagnie, leur envoyait fréquemment des présents et de gracieuses invitations. M. Wilson les acceptait avec reconnaissance et politesse; mais il se félicitait intérieurement d'avoir refusé de loger dans le palais du prince indien. Si près des grands, on cesse d'être son maître, on ne s'appartient plus; il faut se sacrifier à tout instant, ou s'exposer à déplaire. Homme du monde, de sens et d'expérience, M. Wilson avait prévu tous ces inconvénients; c'est pourquoi il avait préféré le caravansérail du major Martin, lieu ouvert à tout étranger, aux somptuosités orientales de l'habitation du nabab. Cependant il était encore souvent forcé d'aller auprès du prince, quand il aurait mieux aimé diriger sa course d'un autre côté.

Un jour donc qu'il s'était rendu à une des invitations du palais, il eut la satisfaction d'y rencontrer plusieurs officiers de sa nation, qui l'accueillirent non-seulement comme un compatriote, mais encore comme une ancienne connaissance; car ils s'étaient vus plusieurs fois à Calcutta.

On en était, après les compliments d'usage, à se demander et à se donner mutuellement des nouvelles de la mère-patrie, lorsqu'un Hindou vint annoncer au palais qu'un tigre avait été vu dans le voisinage. Aussitôt les officiers bondirent de joie d'avoir une si belle occasion d'employer leur temps. Ils allèrent sur-le-champ prévenir le nabab de cette circonstance, qui leur offrait le plaisir de la chasse, et lui demandèrent en même temps la permission de monter quelques-uns de ses éléphants pour cette expédition. Le nabab leur accorda très-volontiers tout ce qu'ils lui demandaient; mais en outre, par une précaution qui n'était point hors de saison dans une partie de chasse aussi dangereuse, il fit donner l'ordre à bon nombre de ses esclaves, habitués à ce genre d'exercice, de monter sur des éléphants et d'accompagner les étrangers.

Francis, en entendant parler de chasse au tigre, grillait du désir de faire partie des chasseurs. Mais M. Wilson crut devoir s'y opposer, l'inexpérience de son fils pouvant, dans un aussi terrible jeu, l'exposer à perdre la vie. Cependant il consentit à suivre la chasse de loin et à cheval, les fontes des selles étant bien garnies de pistolets chargés à balles de gros calibre.

En un instant, les chasseurs furent en marche. Arrivés à un petit ruisseau, ils aperçurent deux tigres qui, après les avoir regardés un instant, s'enfuirent à quelque distance. Mais bientôt ces animaux revinrent sur leurs pas, comme pour prendre l'offensive; alors nos intrépides officiers, faisant ensemble une décharge de leurs armes, étendirent un des deux tigres par terre. Son compagnon, effrayé sans doute, se réfugia sous un épais buisson.

L'un des officiers anglais, et plusieurs des esclaves du nabab, descendirent alors de leurs éléphants, et s'approchèrent de la bête que l'on venait d'abattre; elle respirait encore, un coup de sabre l'acheva; et l'officier anglais la fit placer comme un trophée sur sa monture. Puis il rejoignit ses compagnons, qui se disposaient à relancer le terrible fugitif.

Les officiers anglais s'avancèrent en se tenant serrés les uns contre les autres, et soutenus par les esclaves hindous. Tandis qu'ils s'occupaient à découvrir la retraite du monstre, celui-ci s'élança brusquement avec un mugissement horrible sur l'officier placé au milieu; il le terrassa, et lui mordit cruellement les bras et les épaules. Cependant les autres Anglais ne restaient pas oisifs spectateurs de cette scène : un feu habilement dirigé atteignit le tigre, et le força de lâcher sa proie. Une lutte périlleuse s'engage; la bête féroce, se sentant blessée, agite violemment sa queue, en lançant sur ceux qui l'entourent des regards flamboyants. Les éléphants, saisis d'effroi, semblent disposés à lâcher pied. A cette vue, les assaillants déchargent plusieurs fois leurs armes, mais sans succès : la précipitation nuit à leur adresse. Déjà leurs balles sont épuisées; déjà le tigre, dans ses bonds de rage, a blessé grièvement plusieurs éléphants; l'embarras redouble de minute en minute. Soudain arrivent au grand galop M. Wilson, son fils et plusieurs de ses domestiques, qui, de loin, s'étaient aperçus du péril que couraient leurs compatriotes. Ils n'avaient

Les Éléphants saisis d'effroi semblent disposés à lâcher pied. Pag. 198.

point hésité un seul instant à s'engager dans ce combat dangereux, pour secourir leurs semblables.

A la vue de ces nouveaux ennemis, le tigre, poussant un cri qui porte l'effroi dans tous les cœurs, se précipite sur le cheval de M. Wilson. Francis pâlit; mais, prompt comme la foudre, électrisé par le noble sentiment de la piété filiale, il s'élance à son tour sur l'animal formidable, lui lâche en même temps deux coups de pistolet à bout portant, et l'étend mort sur la poussière, au moment où de sa griffe impitoyable il allait déchirer et mettre en pièces cheval et cavalier.

Aussitôt on entoura Francis; les uns le félicitaient, les autres le comblaient de remerciments. Mais lui, plus occupé de son père que de la victoire qu'il venait de remporter, ne répondait rien à toutes ces paroles empressées; et, mettant pied à terre avec inquiétude, courait en toute hâte auprès de M. Wilson. Celui-ci, fort heureusement, n'avait pas reçu la moindre blessure; il rassura son fils, et, lui adressant un regard dans lequel se peignait toute sa tendresse paternelle, il lui dit qu'il pouvait jouir pleinement du fruit de sa courageuse adresse.

L'officier anglais, terrassé dans les premiers moments de la lutte, avait été fort maltraité;

pourtant aucune de ses blessures n'avait de gravité. On le déposa sur un brancard fait avec des branches d'arbre et des feuillages ; et toute la troupe reprit le chemin de Lucknow, précédée de la dépouille des deux animaux vaincus. Là, de nouvelles félicitations attendaient Francis ; le nabab-visir lui dit à ce sujet les choses les plus flatteuses, auquel le jeune homme répondit modestement : « Prince, ce n'est ni ma bravoure ni mon adresse qui sont dignes de louanges dans cette affaire ; c'est le sentiment de la nature qui a conduit mes coups. Je suis persuadé que tout fils aimant son père en eût fait autant. »

De retour au caravansérail, M. Wilson raconta à ses compagnons son aventure de la journée. Chacun fut ravi de l'heureuse issue qu'elle avait eue ; chacun complimentait alternativement le père et le fils. Ce dernier, pour mettre fin à des réflexions qui l'importunaient, réclama la reprise des récits du soir.

Le marchand du Thibet ne se fit pas longtemps attendre. La demande lui avait été adressée à peu près directement ; il s'exécuta avec non moins de bonne grâce que ses compagnons.

« Je suis, dit-il, d'un pays qui n'est peut-être pas beaucoup mieux connu que la Chine et le Japon, et qui peut-être aussi est moins de nature à attirer les pas des voyageurs. L'empire du Thibet est situé sur le plateau le plus élevé de l'Asie ; il est séparé du nord de l'Inde par de grandes chaînes de montagnes, principalement par les monts Himalaya, dont un des pics a huit mille mètres d'élévation au-dessus du niveau de la mer. C'est dans l'Himalaya que plusieurs grands fleuves, entre autres le Gange, prennent leur source. Le Thibet touche au nord à un grand désert qu'on appelle le Cobi, et il renferme plusieurs grands lacs. Le climat du nord de cette contrée diffère beaucoup de celui du midi. Au nord, on ne voit que des rochers couverts de neige, et des déserts de sable où règne en hiver un froid excessif. Au sud, au contraire, c'est la plus belle végétation et le climat le plus agréable.

» Le Thibet est riche en mines d'or, d'argent, de fer, de cuivre, de plomb, de mercure. On y trouve du marbre, de l'albâtre, des pierres précieuses, des cristaux. Le cultivateur y récolte du riz, du froment, du sarrazin, des légumes, du thé. Des forêts de cyprès, de bambous, de bananiers, de frênes, y étalent leurs feuillages divers sur plusieurs points. Enfin c'est au Thibet que naissent la chèvre et la brebis à laine fine dont on fait ces tissus d'une extrême finesse connus sous le nom de schalls de Kachemyre.

» Le gouvernement du Thibet est dans les

mains du grand lama ou dalaï-lama, qui est en même temps grand-prêtre ou chef de la religion. Cette religion est celle de Bouddha, qui, à certains égards, se rapproche du christianisme plus que toutes les autres, et qui est répandue dans la majeure partie de l'Asie. On m'a dit et répété que les premiers missionnaires chrétiens venus au Thibet furent tellement frappés d'y retrouver une imitation de leurs cérémonies, qu'ils crurent au premier instant y reconnaître le culte catholique. Cette ressemblance tient au culte et à la hiérarchie du culte de Bouddha, qui rappellent en beaucoup de points le culte et la hiérarchie de l'Église romaine. Du moins, voilà ce que j'ai entendu dire plusieurs fois; je n'ai pas la prétention d'avoir un avis sur des matières aussi savantes, auxquelles je ne comprends absolument rien.

» Le dalaï-lama est une sorte d'idole vivante; on le révère comme une divinité, et l'on vient en pèlerinage de tous les points de l'empire pour l'adorer. Il réside à Hlassa, et a sous lui un second lama, nommé *Bogdolama*, résidant à Teschihlumbo, qui a presque la même autorité que lui, mais qui reconnaît le métropolitain pour son supérieur. Auprès de Hlassa est le palais de Poutala, édifice très-vaste, bâti en briques, orné de pyramides d'or et d'argent, et renfermant des appartements couverts de vernis et de dorures à la manière des Chinois. Il y a dans les États du dalaï-lama des espèces de cloîtres qui ressemblent à de petites villes et qui contiennent un grand nombre de lamas et de femmes consacrées au culte de Bouddha. On assure que, dans le district de Hlassa, le nombre de ces cloîtres s'élève à trente mille. D'après cela, il est aisé de conclure que le grand-lama a sous ses ordres une foule considérable de lamas, ou prêtres subalternes.

» Hors des villes, les Thibétains mènent assez ordinairement une vie nomade, c'est-à-dire qu'ils n'ont point de demeure fixe, et sont tantôt d'un côté, tantôt d'un autre. Ils portent des bottes et des vêtements d'étoffe de laine ou de soie chinoise.

» Dans un grand lac nommé Jambao, il y a un groupe d'îles où réside une femme qui jouit des honneurs d'un grand lama. La partie méridionale du Thibet, nommée Boutan, située aux pieds des monts Himalaya, est montagneuse. Elle forme un royaume à part, qui a deux souverains, l'un séculier, appelé Deb-Radjah, l'autre religieux, qui porte le nom de Dharma-Radjah.

» Je reviens au grand lama. Les Thibétains croient ce souverain pontife immaculé et immortel; ils s'imaginent qu'il est présent partout, et instruit de tout ce qui se passe. Son empire, du moins sous le rapport religieux, s'étend jusque dans la Chine, où il a un grand nombre de sectateurs. Quand le grand lama meurt, en dépit de son immortalité prétendue, les habitants du Thibet supposent que son âme va habiter le corps de quelque enfant nouvellement né. Cette prétendue transmigration s'annonce par divers signes que l'on tient pour certains. L'enfant chez lequel on croit reconnaître ces signes est soudain enfermé dans un de ces cloîtres ou monastères dont je vous parlais tout à l'heure, et là il reçoit une éducation convenable à sa haute destinée. Pendant sa minorité, un régent gouverne l'Etat en son nom.

» Les Thibétains ont une coutume particulière de rendre les derniers honneurs aux morts. Ils exposent en rase campagne les corps de leurs parents décédés, pour qu'ils deviennent la proie des vautours, des corbeaux et même des chiens. Auprès de Teschihlumbo, on voit un charnier fermé de tous côtés par de hautes murailles et des rocs escarpés. On y précipite les cadavres d'une hauteur voisine. On a eu soin de ménager au bas de la muraille un passage étroit par lequel les chiens viennent disputer aux oiseaux de proie cette horrible pâture.

» Il n'est point facile de pénétrer dans le Thibet. Les hauteurs de l'Himalaya lui forment une barrière naturelle qu'il n'est pas aisé de franchir. Des difficultés sans nombre attendent le voyageur tenté d'entreprendre ce périlleux trajet ; et il faut plus d'une sorte de courage pour en triompher. Chemins presque impraticables, guides peu sûrs, variations considérables et subites de la température, moyens de transports et de subsistances fort incertains et toujours très-difficiles : tels sont les obstacles qu'il faut surmonter.

» Cependant plusieurs Européens intrépides ont entrepris ce voyage à diverses époques ; quoique chaque jour de ce stérile et pénible pèlerinage soit marqué par des périls incroyables, quoique l'on ne trouve point chez nous un accueil hospitalier, des hommes, dévoués à la science, ont voulu visiter nos montagnes glacées ; mais nos Thibétains, aussi jaloux et aussi inquiets que les Chinois pour ce qui concerne leur empire, s'opposent de tout leur pouvoir à l'entrée des étrangers dans leur pays ; et quand ils apprennent qu'on a aperçu des voyageurs dans les défilés des montagnes, alarmés, ils se réunissent en grand nombre et vont s'opposer avec menaces à leur passage.

» On doit tenir à sa patrie, dit le marchand Thibétain en soupirant, j'entends répéter cela partout; mais on ne veut sans doute pas parler d'une patrie inhospitalière et barbare comme la mienne. »

CHAPITRE XIII.

L'Arabie ; sa division géographique. — Turquie asiatique ; la Natolie, la Syrie et ses divers pachaliks. — Damas. — Le pèlerinage de la Mèque. — Les ruines de Palmyre. — La Terre-Sainte ou Palestine. — Le Kurdistan, l'Arménie et l'Irac-Arabie. — Description du désert de Syrie. — Détails sur les Bédouins. — La loi du *talion*.

De tous les marchands qui formaient la société habituelle de M. Wilson et de Francis, il ne restait plus que l'Arabe, qui n'eût pas encore fait le récit des faits propres à faire connaître sa patrie. Aussitôt que l'homme du Thibet eut cessé de parler, il se disposa à payer sa dette, et s'exprima ainsi :

« Vous désirez tenir de moi quelques particularités sur l'Arabie, le lieu de ma naissance : je vais vous satisfaire bien volontiers. Il est toujours doux de s'entretenir de la patrie. Nous sommes d'ailleurs un peu conteurs, nous autres Arabes ; nous en avons du moins la réputation que nous méritons peut-être ; et pour ne pas faire mentir la renommée, je vous dirai aussi quelque chose de la Turquie d'Asie, où l'on rencontre dans les villes et dans les campagnes bon nombre de familles arabes.

» Sachez d'abord que l'Arabie est une presqu'île située entre la mer Rouge et le golfe Persique ; elle a plus de cent mille lieues de surface ; des chaînes de montagnes en longent les côtes ; son sol n'est arrosé que par des ruisseaux et des torrents. Les déserts incultes et sablonneux n'y manquent pas ; on dirait une nécessité. La chaleur y est brûlante et rarement tempérée par la pluie. Ce n'est que sur les côtes que la pluie tombe régulièrement pendant plusieurs mois de l'année, en faisant pour ainsi dire le tour de la presqu'île.

» L'Arabie a trop de terrains arides pour être bien cultivée ; dans ses vastes plaines de sable, on aperçoit à peine une touffe de verdure. Dans les vallées cultivées, on récolte du froment, d'excellents raisins, toutes les espèces de plantes potagères, des melons, de belles fleurs, de l'encens, du baume, du café, des bois odorants.

» L'Arabie est en quelque sorte le lieu natal des chameaux, des dromadaires et des chevaux de race pure. On comprend que, dans un pays aussi coupé de vastes déserts, ces animaux, faits pour la fatigue, puissent être du plus grand secours. Nos Arabes, excepté ceux qui sont fixés dans les villes, mènent une vie errante, tantôt ici, tantôt là, suivant les circonstances. Ils se nourrissent, dans le désert, du laitage et de la chair de leurs troupeaux, ou vivent du butin qu'ils font sur les caravanes qu'ils attaquent ; car, je voudrais vainement le taire, tout le monde sait que l'Arabe est un pillard ; mais ce qu'on ne sait pas assez généralement, c'est qu'en revanche il a des vertus qui peuvent lui faire pardonner ses méfaits.

» Les Arabes sont divisés en un grand nombre de tribus, qui ont ordinairement des chefs appelés Cheiks. Ces tribus errent dans les sables de la Syrie, de l'Egypte et de la Libye. Ceux qu'on nomme Bédouins sont les plus nombreux et les plus remarquables. Ils sont en général sobres, agiles, adroits et hospitaliers. Je reviendrai tout à l'heure sur ce sujet.

» L'Arabie est divisée en trois parties : l'Arabie Déserte qui mérite bien son surnom, et d'où est sortie la fameuse secte des Wahabis ; l'Arabie Pétrée ou pierreuse, dont le terroir produit la coloquinte, le figuier et l'olivier sauvages, la rose de Jéricho, l'épine d'Egypte, le tamarinier et quelques autres végétaux ; cette partie de l'Arabie confine à la Syrie ; c'est là que l'on rencontre les déserts du mont Sinaï, le tombeau du prophète Aaron. C'est aussi dans cette partie de l'Arabie que sont deux villes fameuses dans l'histoire du culte des Musulmans : Médine, qui renferme le tombeau de notre grand prophète Mahomet, tombeau vénéré et visité par un grand nombre de pèlerins ; et la Mèque, patrie de ce même Mahomet, et dont le principal édifice est la Kaba, que les Arabes supposent être placé à l'endroit où demeurait Abraham.

» Enfin, la troisième partie est l'Arabie Heureuse, qui, malgré sa dénomination, renferme beaucoup de terrains incultes et arides ; mais le reste est riche en productions estimées. C'est là que l'on récolte le fameux café moka, dans la grande province d'Yémen, qui est en outre fertile en indigo, en opium, en gomme, en citrons, en raisins, pêches, limons, melons et grains.

» La Turquie asiatique et l'Arabie peuvent aller fort bien ensemble sous plusieurs rapports : même religion, à peu près même population, et mêmes productions. Elle se divise en plusieurs parties, que je vais vous faire connaître pour n'avoir point à revenir sur ces détails.

» D'abord la Natolie, qu'on appelait autrefois l'Asie Mineure, et qui est célèbre pour avoir été le séjour des Troyens, Ioniens, Lydiens et autres peuples de l'antiquité. Là se trouvent de nouvelles villes qui ont remplacé des cités jadis florissantes. La ville de Smyrne, avec ses cent mille habitants, avec son port ouvert à toutes les nations commerçantes, est peut-être la plus riche ville de cette contrée : heureuse si elle était moins souvent exposée aux ravages de la peste.

» Je ne vous détaillerai point une foule d'îles qui se groupent comme des nymphes autour de l'Asie Mineure : les îles des Princes, celles de Métélin, de Chio, de Rhodes et de Chypre, souvenirs de temps qui ne sont plus.

» Puis se présente la Syrie, pays composé de montagnes qui se distribuent à droite et à gauche en divers sens. Soit que l'on y arrive par la mer, soit que l'on y pénètre par les immenses plaines du désert, on commence toujours à découvrir de très-loin l'horizon bordé d'un rempart nébuleux qui va du nord au sud tant que la vue peut s'étendre. A mesure que l'on approche, on distingue des entassements de sommets qui, tantôt isolés, tantôt réunis en chaînes, vont se terminer à une ligne principale qui domine sur tous. Ces montagnes forment divers bassins, tels que celui de Damas, où est établi un pachalick, ou gouvernement turc confié à un pacha. La Syrie renferme trois autres pachalicks, celui de Tripoli, celui d'Alep, et celui de Saïde, dit aussi d'Acre.

» Le pachalick de Damas occupe presque toute la partie orientale de la Syrie. Il s'étend au nord jusqu'à Habroun, dans le sud de la Palestine ; puis il traverse le fleuve du Jourdain, enveloppe Jérusalem, et passe à l'orient dans le désert, où il s'avance plus ou moins, selon que le pays est cultivable. Dans cette vaste étendue de terrain, le sol et les produits sont variés ; les plaines du Hauran et celles des bords de l'Oronte sont les plus fertiles ; elles produisent du froment, du doura, du sésame, de l'orge et du coton. Les environs de Damas sont d'un sol graveleux et maigre, plus propre aux fruits et au tabac qu'aux autres denrées. La ville de Damas est la résidence des pachas. Cette ville est assise dans une vaste plaine ouverte au midi et à l'est, du côté du désert, et serrée à l'ouest et au nord par des montagnes. Il vient de ces montagnes une quantité de ruisseaux, qui font de Damas le lieu le mieux arrosé et le plus délicieux de la Syrie. Nos Arabes n'en parlent qu'avec enthousiasme, et ils ne cessent d'en vanter la fraîcheur et la verdure des vergers, l'abondance et la variété des fruits, les courants d'eaux vives, et la limpidité des jets d'eau et des sources. C'est aussi le seul lieu où il y ait des maisons de plaisance isolées et en rase campagne. Nulle ville ne possède autant de fontaines ; chaque maison a la sienne. Avec une telle situation, Damas est sans contredit une des plus agréables villes de la Turquie ; mais il lui manque une chose bien importante, la salubrité : il paraît que ses eaux, froides et dures, occasionnent beaucoup de maladies. Par suite de l'abus qu'on fait des fruits, surtout des abricots, il y règne très-fréquemment des fièvres intermittentes et des dyssenteries. On évalue à quarante mille le nombre des habitants de Damas, dont la majeure partie se compose d'Arabes et de Turcs.

» Damas est le lieu de rassemblement des pèlerins du nord de l'Asie, qui veulent faire le voyage de la Mèque. Le nombre de ces pèlerins s'élève quelquefois à cinquante mille ; j'ai vu souvent les préparatifs de départ de cette fameuse caravane. Damas présente alors l'aspect d'une foire immense ; on ne voit qu'étrangers de toutes les parties de la Turquie et même de la Perse ; tout est plein de chameaux, de chevaux, de mulets et de marchandises. Après quelques jours de dispositions, toute cette foule se met confusément en marche, en faisant route par la frontière du désert ; elle arrive en quarante jours à la Mèque, pour la fête du Baïram, fête solennelle que les Turcs célèbrent après leur Ramadan[1]. Comme cette caravane traverse le

[1] Le Ramadan est pour les Turcs à peu près ce que le carême est pour les catholiques.

pays de plusieurs tribus indépendantes, il faut qu'elle fasse des traités avec les Bédouins, qu'elle leur accorde des droits de passage, et qu'elle prenne des guides parmi eux.

» On se tromperait fort si l'on croyait que le motif de ce pèlerinage si fameux soit la dévotion uniquement. L'intérêt pécuniaire y a une part plus considérable. La caravane est un moyen d'exploiter une branche de commerce très-lucrative; la plupart des pèlerins en font un objet de spéculation. En partant de chez eux, ils se chargent de marchandises qu'ils vendent en route; l'or qu'ils en retirent est échangé à la Mèque contre les mousselines et les indiennes du Malabar et du Bengale, contre les schalls de Kachemyre, l'aloès de Turquie, les diamants de Golconde, les perles de Bahrain, et surtout le café d'Yémen. Dans notre pays, on nomme *hadj* le pèlerinage de la Mèque, et *hadji* les pèlerins. Malgré le motif de dévotion dont ils se couvrent, il est bien constant que ces commerçants ne jouissent pas d'une excellente réputation; car il s'est établi un proverbe qui ne leur fait pas beaucoup d'honneur: « Défie-toi de ton voisin, dit l'Arabe, s'il a fait un *hadj*; mais s'il en a fait deux, hâte-toi de déloger.» En effet, l'expérience a prouvé que ces dévots personnages sont en grande partie de fieffés fripons.

» Au moyen de cette caravane annuelle, Damas est le centre d'une circulation très-étendue. Elle communique avec l'Arménie, la Natolie[1], le Diarbékir et même la Perse; elle envoie des caravanes au Caire; elle reçoit des marchandises de Constantinople et de plusieurs autres contrées de l'Europe, par Saïde et Baïrout.

» On voit dans le pachalick de Damas un monument remarquable; ce sont les ruines de Palmyre, de cette ville qui joua, dit-on, un rôle si brillant dans les guerres des Parthes et des Romains, du temps de son héroïque reine Zénobie. Depuis cette époque, le nom de Palmyre avait laissé un brillant souvenir dans l'histoire; mais ce souvenir était enveloppé de notions vagues et confuses. Vers la fin du dix-septième siècle, des négociants anglais d'Alep, las d'entendre nos Bédouins parler des ruines immenses qui se trouvaient dans le désert, résolurent d'éclaircir les récits qu'on leur en faisait. On échoua d'abord : les Arabes dépouillèrent complétement les curieux, qui furent obligés de revenir sans avoir atteint leur but. Ils reprirent courage quelques années plus tard, et parvinrent enfin à voir les monuments indiqués. Ils publièrent leur relation accompagnée de dessins. Ces dessins représen-

---

[1] Ou l'Anatolie.

taient une ville magnifique, située dans un lieu tout à fait écarté de la terre habitable. Les Européens furent d'abord incrédules; on était tenté de prendre ce récit pour un conte fait à plaisir. Mais d'autres voyageurs vinrent constater l'authenticité et l'exactitude des négociants d'Alep; et maintenant on est bien convaincu que l'antiquité n'a rien laissé, même chez les nations les plus civilisées, qui soit comparable à la magnificence des ruines de Palmyre.

» Avant de passer à d'autres détails, j'achèverai de vous faire connaître les principales curiosités de l'Asie mineure. Jérusalem, actuellement ville misérable, se trouve dans le pachalick de Damas; l'église du Saint-Sépulcre y attire une grande affluence de pèlerins. Dans les environs se groupent tous les lieux que les chrétiens révèrent, comme ayant été sanctifiés par la présence de leur législateur: Bethléem, Jéricho, Nazareth, Capharnaüm, Tibériade avec son lac, ne sont aujourd'hui que des localités bien peu importantes. On montre sur la route de Jérusalem *le puits de Jacob*. La ville de Gaza, qui compte vingt-six mille habitants, mélange de Mahométans, de Juifs, de chrétiens grecs et arméniens, est le lieu de passage des caravanes de la Syrie et de l'Égypte.

» Non loin de là est la fameuse mer Morte,

lac d'eau extrêmement saumâtre, et dont le lit se compose de bitume noir. Le Jourdain et le Cédron y déchargent leurs eaux; une déplorable stérilité règne aux environs de ce bassin. Au mont Carmel, on voit les restes d'un grand nombre de chapelles et d'ermitages. Plus loin, dans une plaine, s'élève le mont Thabor, dont le front est couronné d'oliviers et de sycomores.

» Les Druses, population remarquable par ses mœurs et par sa religion, dont elle tient les dogmes secrets, habitent les monts Liban et Antiliban. Le mont Liban est garni d'une forêt de cèdres. Au nord des Druses, on rencontre les Maronites, secte chrétienne qui vit avec une grande frugalité. Enfin, je ne ferai que vous citer les pachalicks du Diarbékir, d'Orfa, de Mossul ou Moussol, qui composent la province d'Algésira, autrefois la Mésopotamie. Le désert qui porte encore ce dernier nom paraît être une continuation des déserts de l'Arabie; l'absynthe y domine, l'eau y est amère ou saumâtre; des lions, des ânes sauvages, des troupeaux de gazelles, forment la population de cette solitude.

» Restent encore le Kurdistan, l'Arménie et l'Irak-Arabi, autrefois la Babylonie et la Chaldée; cette province, qu'arrosent l'Euphrate et le Tigre, a pour capitale la célèbre Bagdad, qui conserve encore des restes de la grandeur qu'elle avait du temps des califes. Les ruines de l'ancienne Babylone sont, à ce que l'on pense, dans les environs de la ville d'Hellé, dont les jardins sont remplis de palmiers. Bassora est la plus commerçante des villes de cette province.

» L'Arménie, dont la moitié est province turque et l'autre moitié province persane, a pour chef-lieu la ville d'Erzeroum, qui est l'entrepôt des marchandises indiennes et persanes. Quant au Kurdistan, qui n'est autre que l'ancienne Assyrie, il est habité par les Kourdes, peuple nomade, barbare et adonné au brigandage, et qui n'a pas, sous certains rapports, meilleure réputation que nos Arabes-Bédouins.

» Maintenant j'arrive aux détails des mœurs de nos tribus errantes, qui, vous le voyez, ne se soucient guère d'avoir un domicile fixe; car les Arabes sont loin d'être tous dans l'Arabie. On les trouve dans les déserts de la Syrie, dans l'Arménie, dans la Turquie asiatique, dans les solitudes sablonneuses de l'Afrique. Le nom de Bédouin signifie *hommes du désert*. Ceux qui prennent cette dénomination se vantent d'être la race la plus pure et la mieux conservée des peuples de l'Arabie : jamais, en effet, ils n'ont subi le joug de la conquête; ils semblent même à l'abri de ce fléau. Les déserts où ils mènent une vie errante sont des barrières que les conquérants ne sont pas ordinairement tentés de franchir.

» Pour que vous ayez une idée de ces déserts, figurez-vous, sous un ciel toujours ardent et sans nuages, des plaines immenses et à perte de vue, sans maisons, sans arbres, sans ruisseaux, sans montagnes. Presque toujours également nue, la terre n'offre que des plantes ligneuses clairsemées, et des arbrisseaux épars, dont la solitude n'est que rarement troublée par des gazelles, des lièvres et des rats. Tel est presque tout le pays qui s'étend depuis Alep jusqu'à la mer d'Arabie, et depuis l'Egypte jusqu'au golfe Persique, dans un espace de six cents lieues de longueur sur trois cents de largeur.

» En général les Bédouins sont petits, maigres et hâlés; ils sont d'une sobriété rare. Six ou sept dattes trempées dans du beurre fondu, quelque peu de lait, doux ou caillé, suffisent à la journée d'un homme. Il s'estime heureux d'y pouvoir joindre quelques pincées d'une farine grossière ou une boulette de riz. Dans les temps de disette, le vulgaire, toujours affamé, ne dédaigne pas les plus vils aliments : les Bédouins mangent des sauterelles, des rats, des lézards, des serpents ; de là leurs rapines dans les champs cultivés, et leurs vols sur les grands chemins ; de là aussi leur constitution délicate, et leur corps petit et maigre, plutôt agile que vigoureux. Ils vivent divisés en tribus; et, comme je crois vous l'avoir déjà dit, chaque tribu est sous les ordres d'un *cheik* ou *seigneur*.

» Une tribu de Bédouins compose un ou plusieurs camps qui sont répartis sur le pays : empiète-t-elle sur le terrain d'une autre tribu, elle est censée violer la propriété. Aussi, si une tribu ou ses sujets entrent sur un terrain étranger, ils sont traités en voleurs, en ennemis, et la guerre éclate aussitôt. Leur manière de faire la guerre est extrêmement simple. Dès qu'une tribu a à se plaindre d'une autre tribu, on monte à cheval, on cherche l'ennemi; on se rencontre, on parlemente; souvent le différend se termine à l'amiable; dans le cas contraire, on s'attaque par pelotons ou par cavaliers; on s'attaque ventre à terre, la lance baissée; quelquefois on la darde, malgré sa longueur, sur l'ennemi qui fuit. La victoire est presque toujours décidée dès le premier choc; les vaincus prennent la fuite à toute bride sur la plaine rase du désert. La tribu qui a succombé lève le camp, s'éloigne à marches forcées, et va se réfugier chez ses alliés. Mais le meurtre qui résulte de ces sortes de guerres donne lieu à des haines qui perpétuent la dissension.

» Les Arabes reconnaissent une loi générale qui veut que le sang de tout homme tué soit vengé par celui de son meurtrier; c'est ce qu'on appelle le *tar* ou *talion* ; c'est le plus proche parent qui est investi du droit de la vengeance; son honneur même y est attaché devant tous nos compatriotes ; s'il néglige de prendre son *talion*, il est pour jamais déshonoré. En conséquence il épie l'occasion de se venger ; si son ennemi tombe sous d'autres coups que les siens, il ne se tient point pour satisfait, et sa vengeance s'attaque au plus proche parent. Ces haines barbares et sanglantes se transmettent ainsi de père en fils, jusqu'à l'extinction de l'une des races ennemies, à moins que les familles s'accordent en sacrifiant le coupable, ou en *rachetant le sang* par un prix convenu, soit en argent, soit en troupeaux. Sans cela, point de paix, point de trève, point d'alliance entre elles, ni même quelquefois entre les tribus réciproques ; *il y a du sang entre nous*, se dit-on en toutes sortes d'affaires, et ces mots empêchent de rien conclure.

» Ces mœurs sont sans doute bien étranges, bien barbares ; mes voyages et mes relations avec les peuples policés m'en ont démontré l'absurdité. J'ai appris aussi cependant que l'Europe, si fière de sa civilisation actuelle, n'a pas toujours été exempte de ces égorgements de famille à famille. L'Italie, il y a quelques siècles, fournissait de nombreux et atroces exemples de ce genre. On voit encore, dit-on, dans une petite île [1] qui appartient à la France des luttes à mort entre des familles acharnées l'une contre l'autre. Nos pauvres Bédouins sont donc plus à plaindre qu'à blâmer, puisque les lumières leur manquent absolument, et que la législation même du pays concourt à entretenir cette barbarie au milieu d'eux.

» Au surplus, dans notre premier entretien, j'espère les réhabiliter un peu dans votre esprit en vous les faisant envisager sous un autre aspect. »

---

[1] La Corse.

CHAPITRE XIV.

Tableau de la vie domestique des Arabes. — Comment ils exercent l'hospitalité; anecdotes à ce sujet. — Terribles effets du vent du désert. — L'art de la musique chez les Arabes. — Autruches; comment se fait leur chasse en Arabie. — Histoire arabe.

« Je commencerai, dit l'Arabe, en reprenant le lendemain son récit, je commencerai par mettre sous vos yeux le tableau de la vie domestique de nos Arabes. Il ne faut pas croire que les cheiks ou chefs de tribus soient des princes et seigneurs comparables aux grands des autres contrées. Ce sont de bons fermiers des pays de montagnes. Ils en ont la simplicité dans les vêtements comme dans leurs habitudes. Un cheik selle et bride lui-même son cheval, lui donne l'orge et la paille hachée. Dans sa tente, c'est la femme qui fait le café, qui bat la pâte, qui fait cuire les viandes; ses filles et ses parentes lavent le linge, et vont, la cruche sur la tête et le voile sur le visage, puiser l'eau à la fontaine.

» Il règne parmi les Bédouins une sorte d'égalité, du moins sous le rapport de ce qu'ils possèdent. Tous les biens d'une famille consistent en un mobilier dont voici à peu près l'inventaire : quelques chevaux, mâles et femelles, des chèvres, des poules, une jument et son harnais, une tente, une lance longue de treize pieds, un sabre recourbé, un fusil rouillé, à pierre ou à rouet, une pipe, un moulin portatif, une marmite, un seau de cuir, une poêlette à brûler le café, une natte, quelques vêtements, un manteau de laine noire, et enfin, pour tous bijoux et ornements, quelques anneaux de verre ou d'argent que la femme porte aux jambes et aux bras. Ceux qui possèdent toutes ces choses sont réputés riches. Toutefois la jument est pour eux ce qu'il y a de plus précieux; c'est leur plus grand moyen de fortune: monté sur sa jument, le Bédouin va en course contre les tribus ennemies, ou en maraude dans les campagnes et sur les chemins. Il préfère la jument au cheval, parce qu'elle ne hennit point, qu'elle a plus de docilité, et qu'elle a du lait qui, dans l'occasion, sert à désaltérer et à nourrir son maître.

» Il règne dans l'intérieur de leur société une

bonne foi, un désintéressement, une générosité qu'on ne trouve pas toujours ailleurs. Ainsi le droit d'asile est établi chez toutes les tribus. Un étranger, un ennemi même a-t-il touché la tente d'un Bédouin, dès ce moment sa personne devient pour ainsi dire inviolable. Il y aurait honte et lâcheté éternelle à satisfaire alors même une juste vengeance aux dépens de l'humanité. Dès que l'Arabe a consenti de manger le pain et le sel avec son hôte, rien au monde ne pourrait le lui faire trahir. La puissance même du sultan ne serait pas capable de retirer un réfugié d'une tribu, à moins de l'exterminer tout entière.

» L'Arabe, si avide hors de son camp, n'y a pas plutôt remis le pied, qu'il devient libéral et généreux. Quelque peu qu'il ait, il est toujours prêt à le partager; il a même la délicatesse de ne pas attendre qu'on le lui demande. S'il prend son repas, il affecte de s'asseoir à la porte de sa tente, afin d'inviter les passants; sa générosité est si vraie, qu'il ne la regarde pas comme un mérite, mais comme un devoir. A la manière dont les Arabes en usent entre eux, on croirait qu'ils vivent en communauté de biens. Cependant, ils connaissent la propriété; mais, chez eux, elle n'est point accompagnée de cette dureté âpre et égoïste que lui ont donnée les faux besoins du luxe chez les nations agricoles et industrielles.

» Mais je vous parlais tout à l'heure du droit d'asile et de son inviolabilité chez les Arabes. Voici quelques traits à l'appui de ce que je vous en ai dit.

» Au temps des califes, lorsqu'Abdallah *le verseur de sang* eut fait égorger tout ce qu'il put saisir des descendants d'Hommiah, l'un de ces derniers, nommé Ebrahim, fils de Soliman, eut le bonheur d'échapper au massacre, et se sauva à Koufa, où il pénétra déguisé. Ne connaissant personne à qui il pût se confier, il entra par hasard sous le portique d'une grande maison, et s'y assit. Peu après, le maître arrive, suivi de plusieurs valets, descend de cheval, et, voyant l'étranger, il lui demande qui il est. « Je suis un infortuné, dit Ebrahim, qui te demande l'asile. — Dieu te protége, dit l'homme riche, entre, et sois en paix ! »

» Ebrahim vécut plusieurs mois dans cette maison, sans que son hôte lui fît de questions. Mais lui-même, étonné de le voir tous les jours sortir et rentrer à cheval à la même heure, se hasarda un jour à lui en demander la raison.

« J'ai appris, répondit l'homme riche, qu'un nommé Ebrahim, fils de Soliman, est caché dans cette ville; il a tué mon père, je veux prendre mon *talion*. »

» A cette réponse, Ebrahim, en bon musulman, reconnut que Dieu l'avait envoyé là à dessein ; il adora son décret, et, se résignant à la mort, il s'écria : « Dieu a pris ta cause, homme offensé, ta victime est à tes pieds. »

» L'homme riche, étonné, répondit : « O étranger, je vois que l'adversité te pèse, et qu'ennuyé de la vie, tu cherches un moyen de la perdre; mais ma main est liée pour le crime.

» — Je ne te trompe pas, dit Ebrahim : ton père était un tel, nous nous rencontrâmes en tel endroit, et l'affaire se passa de telle et telle manière. »

» Alors un tremblement violent saisit l'homme riche; ses dents se choquèrent comme à un homme qui a le frisson de la fièvre ; ses yeux étincelèrent de fureur et se remplirent de larmes. Il resta ainsi quelque temps, le regard fixé contre terre ; enfin levant la tête vers Ebrahim :

« Demain, le sort, dit-il, te joindra à mon père, et Dieu aura pris mon *talion*... Mais, moi, comment violer l'asile de ma maison? Malheureux étranger, fuis de ma présence; tiens, voilà cent sequins, fuis de ma présence et que je ne te revoie jamais ! »

» A ce trait je joindrai une anecdote beaucoup moins ancienne, car elle passe pour être du siècle dernier.

» Un aga des janissaires, coupable de rébellion, s'enfuit de Damas, et se retira chez les Druses. Le pacha le sut, et le réclama à l'émir, sous peine de guerre. De son côté, l'émir demanda l'aga au cheik Talhouq, qui lui avait donné asile. Mais le cheik indigné répondit : *Depuis quand a-t-on vu les Druses livrer leurs hôtes? Dites à l'émir que, tant que Talhouq gardera sa barbe, il ne tombera pas un cheveu de la tête de son réfugié.* Alors l'émir menaça d'enlever de force l'aga des janissaires. Le cheik Talhouq arma sa famille ; mais l'émir, redoutant une émeute, prit une voie usitée comme juridique dans le pays ; il déclara au cheik qu'il ferait couper cinquante mûriers par jour jusqu'à ce que l'aga fût livré. On coupa mille de ces arbres, et Talhouq resta inébranlable.

» A la fin, les autres cheiks, indignés, prirent fait et cause, et le soulèvement allait devenir général, lorsque l'aga, se reprochant d'occasionner tant de désordres et en redoutant probablement l'issue, s'évada à l'insu même de Talhouq.

» Je pourrais vous parler longuement de nos usages, de nos préjugés ; mais vous les connaissez pour la plupart ; j'aime mieux m'arrêter à dépeindre notre bonheur domestique sous la tente. Chacun vit au sein de sa famille et se répand peu au dehors ; les femmes, celles même des cheiks, vaquent à tous les ouvrages du ménage. Les hommes cultivent les vignes et les mûriers, construisent les murs d'appui pour les terres, creusent et conduisent des canaux d'arrosement. Seulement, le soir, ils s'assemblent quelquefois dans une espèce de lieu communal, l'aire ou la maison du chef du village ou de la famille; et là, assis en rond, à peu près comme nous voilà en ce moment, les jambes croisées, la pipe à la bouche, le poignard à la ceinture, ils parlent de la récolte ou des travaux, de la disette ou de l'abondance, de la paix ou de la guerre, de la conduite de l'émir, de la quotité de l'impôt, des faits du passé, des intérêts du présent, des conjectures sur l'avenir. Souvent les enfants, las de leurs jeux, viennent écouter en silence, et l'on est étonné de les voir à dix ou douze ans raconter d'un air grave les faits les plus importants de l'histoire du pays.

» Rien ne vient troubler cette existence tranquille, si ce n'est la guerre, qui est toujours très-passagère, et aussi le vent du sud que nous appelons *Kamsin*, et qui est plus connu sous celui de *Simoun*. Ce vent vient du désert; il souffle fréquemment dans les cinquante jours qui entourent l'équinoxe; c'est pourquoi on l'a surnommé *le vent des cinquante*. Sa chaleur est portée à un point si excessif, qu'il est difficile d'en avoir une idée si on ne l'a éprouvée dans nos contrées; mais on en peut comparer l'impression à celle que l'on reçoit de la bouche d'un four banal, au moment qu'on en retire le pain. Quand ce vent commence à souffler, l'air prend un aspect inquiétant.

» Le ciel, toujours si pur en nos climats, devient trouble ; le soleil perd son éclat, et n'offre plus qu'un disque violacé ; l'air n'est pas nébuleux, mais gris et poudreux, et réellement il est plein d'une poussière très-fine, qui se dépose et pénètre partout. En commençant, ce vent n'est pas très-chaud, mais à mesure qu'il prend de la durée, son intensité augmente. On s'en aperçoit aussitôt au changement que l'on éprouve. Le poumon se contracte et se tourmente ; la respiration devient courte et pénible; la peau se sèche, et l'on est dévoré d'une chaleur interne. On a beau se gorger d'eau, rien ne peut rétablir la transpiration. On ne trouve de fraîcheur nulle part. Le marbre, le fer, l'eau sont chauds, bien que le soleil ne se montre pas. Les rues sont désertes, et le silence règne comme pendant la nuit. Les habitants des villes et des villages s'enferment dans leurs habitations, et ceux du désert dans leurs tentes ou dans des puits creusés en terre, où ils attendent la fin de ce genre de tempête. Communément elle dure trois jours; si elle se prolonge au delà, elle devient insupportable. Malheur aux voyageurs qu'un tel vent surprend en route loin de tout asile ! Ils en subissent tout l'effet qui quelquefois donne la mort ! Le danger est surtout au moment des rafales ; alors la vitesse accroît la chaleur au point de tuer subitement avec des circonstances singulières ; car tantôt un homme tombe frappé entre deux autres qui restent sains ; tantôt il suffit, pour s'en préserver, de se porter un mouchoir aux narines, ou d'enfoncer le nez dans un trou de sable comme font les chameaux, ou de fuir au galop, comme nous faisons, nous autres Arabes, qui sentons venir de loin la mofette [1], nom qui convient parfaitement à cet air. Il est d'ailleurs constant qu'il est plus dangereux de Mossul à Bagdad qu'en aucun autre lieu. Dans cette dernière ville, il est mortel sur les minarets, sur les terrasses, sur le pont, et non dans les lieux bas. Cet air meurtrier est, dit-on, un air inflammable, chargé dans certains cas d'acide sulfureux ; et ce qui le prouve, c'est qu'aussitôt après la mort, il y a hémorrhagie par le nez et par la bouche, que le cadavre demeure chaud, enflé, qu'il devient bleu, et se déchire aisément.

» Ce vent, extrêmement aride, fait facilement

[1] *Moufette* ou *mofette*; c'est le nom qu'on donne aux exhalaisons pernicieuses qui s'échappent des souterrains, des mines, des latrines, etc.

évaporer l'eau dont on arrose la terre ou le plancher des appartements. Il flétrit et dépouille les plantes ; il crispe la peau, ferme les pores, et cause cette chaleur fébrile qui accompagne toute transpiration supprimée.

» Les arts ne sont pas cultivés, et sont à peine connus dans l'Arabie, comme dans presque tout l'Orient. Cependant la musique fait exception. Née chez nous, du temps des califes, elle s'est conservée avec quelque honneur. On trouve des cheiks qui possèdent assez bien les principes de cet art. Toute leur musique est vocale ; on ne connaît ni n'estime l'exécution des instruments. Nous chantons toujours à l'unisson, sans autre accompagnement qu'un instrument à une seule corde. Nous aimons le chant à voix forcée dans les tons hauts ; il faut de bonnes poitrines pour en soutenir l'effort pendant un quart d'heure. Nos roulades sont extrêmement travaillées ; nous avons des dégradations et des inflexions de tons, telles qu'il serait très-difficile à des gosiers d'un autre pays de les imiter.

» Nos chanteurs accompagnent leur expression de soupirs et de gestes qui peignent les sentiments avec une éloquence extraordinaire ; ils excellent dans le genre mélancolique. A voir un de nos artistes la tête penchée, la main près de l'oreille en forme de conque ; à voir ses sourcils froncés, ses yeux languissants ; à entendre ses intonations plaintives, ses ténors prolongés, ses soupirs sanglotants, il est presque impossible de retenir ses larmes, et des larmes qui ne sont point amères. Il faut bien qu'elles aient du charme, puisque de tous les chants celui qui les provoque est celui que nous préférons, comme de tous les talents celui que nous prisons le plus est le chant.

» La danse ne jouit pas chez nous d'un aussi grand privilége ; cet art y est même flétri d'une sorte de honte ; un homme ne saurait s'y adonner sans déshonneur, et l'exercice n'en est toléré que parmi les femmes.

» Le grand désert de Syrie, qui s'étend depuis le Hauran jusqu'au Djébel-Chammar, renferme un assez grand nombre d'autruches. On en prend même à deux journées de Damas. L'autruche mâle a des plumes noires avec les extrémités blanches, excepté celles de la queue, qui sont entièrement de cette dernière couleur ; celles de la femelle sont tachées de gris. Cette dernière pond de douze à vingt et un œufs ; le nid est généralement placé au pied d'une colline isolée ; les œufs sont déposés les uns auprès des autres, en cercle, à moitié enterrés dans le sable, afin de les préserver de la pluie ; alentour une tranchée étroite est tracée, par laquelle l'eau s'écoule. A dix ou douze pieds de ce cercle, la mère place deux ou trois œufs qu'elle ne couve point; elle les y laisse pour nourrir ses petits au moment où ils viendront à éclore.

» Le mâle et la femelle couvent alternativement les œufs, et quand l'un d'eux est occupé de ce soin, l'autre fait le guet sur le sommet d'une montagne voisine; ce qui donne à nos Arabes la facilité de tuer ces oiseaux. Quand les chasseurs aperçoivent une autruche dans cette position, ils concluent qu'il y a des œufs dans le voisinage; le nid est bientôt découvert, et les autruches s'enfuient.

» Alors l'Arabe creuse un trou en terre près des œufs, y place son fusil chargé, après avoir attaché au ressort une mèche allumée; le fusil est dirigé du côté des œufs; l'homme le couvre de pierres et se retire. Vers le soir, les autruches reviennent, et n'apercevant pas d'ennemis, reprennent leur poste, ordinairement toutes deux à la fois; le fusil part au temps convenable, et le lendemain matin, l'Arabe trouve l'un des oiseaux, ou tous les deux abattus sur le coup.

» Telle est la manière usuelle de tuer les autruches dans les déserts septentrionaux de l'Arabie, où l'on n'a pas l'habitude de chasser ces oiseaux. Ce fait prouve qu'on s'est trompé lorsqu'on a dit que la chaleur du soleil suffisait pour faire éclore les œufs des autruches; il est bien certain que c'est dans la saison pluvieuse que cet oiseau couve ses œufs, et que les petits en sortent au printemps avant que le soleil ait acquis un degré considérable de chaleur.

» Puisque je suis en train de conter, ce qui est assez du goût des Arabes, et généralement des vieillards, il faut que je vous dise une histoire qui me semble assez caractéristique, et que je crois propre à vous donner une idée de la manière dont certaines choses se passent dans mon pays.

» L'un des plus célèbres pachas de Damas, appelé Abd-Allah-el-Satadji, homme d'un caractère ferme et prudent, administrait les contrées soumises à son commandement avec modération et désintéressement, ce qui n'est pas le défaut ordinaire des pachas. Dans le temps qu'il était en possession du pachalick de Bagdad, la vie simple et militaire qu'il continuait à mener ne lui faisant pas éprouver de grands besoins d'argent, il n'en amassait point. Mais les grands officiers de la cour de Constantinople, à qui cette modération ne rapportait rien, trouvèrent défectueuse la gestion d'Abd-Allah, et n'attendirent qu'un prétexte pour lui faire perdre son pachalick.

» Ce prétexte s'offrit bientôt tout naturellement. Abd-Allah perçut une somme de cent mille livres provenant de la succession d'un marchand. A peine le pacha eut-il touché cette somme, que les grands officiers de Constantinople en exigèrent le versement. Vainement Abd-Allah voulut-il représenter qu'il en avait payé d'anciennes soldes de troupes; vainement demanda-t-il un délai; le grand-visir ne l'en harcela que plus vivement; et, sur un second refus, il dépêcha un eunuque noir, muni en secret d'un *kat-chérif* ou ordre formel, pour couper la tête au pacha de Bagdad.

» L'eunuque, arrivé aux environs de Bagdad, feignit d'être un malade voyageant pour rétablir sa santé; en cette qualité, il fit saluer le pacha, et, par forme de politesse, il le pria de lui permettre de lui faire une visite.

» Abd-Allah, qui connaissait la dissimulation de l'esprit turc, trouva tant de civilité fort peu naturelle, et soupçonna qu'elle pouvait bien avoir un but secret. Son trésorier, très-attaché à sa personne et connaissant aussi les usages de la cour du sultan, le confirma dans ses soupçons. Pour acquérir des certitudes, il proposa au pacha de visiter le paquet de l'eunuque, pendant qu'il viendrait le visiter. Abd-Allah approuva l'expédient. A l'heure indiquée, le trésorier se rend dans la tente de l'émissaire noir, et il y fait une si exacte perquisition, qu'il découvre le *kat-chérif* caché dans le revers d'une pelisse. Aussitôt il court vers le pacha, le fait avertir de passer un instant dans une pièce voisine, et lui remet l'acte accusateur.

» Muni du fatal écrit, Abd-Allah le cache dans son sein et rentre dans l'appartement, puis reprenant d'un air tranquille la conversation avec l'émissaire : « Plus j'y pense, dit-il, seigneur aga, plus je m'étonne de votre voyage en ce pays. Bagdad est si loin de Stamboul (Constantinople), l'air de ce pays est si peu vanté, que j'ai peine à croire que vous veniez ne nous demander que de la santé. — Il est vrai, reprit l'aga, que je suis aussi chargé de vous demander en passant quelque à compte des cent mille livres. — Passe encore, reprit le pacha; mais, tenez, ajouta-t-il d'un air décidé, avouez que vous venez aussi pour ma tête. Ecoutez : vous me connaissez de réputation ; vous savez ce que vaut ma parole; je vous la donne : si vous me faites un aveu sincère, je vous relâcherai sans vous faire le moindre mal. »

» Alors l'eunuque commença une longue défense, protesta qu'il venait sans *noires* intentions. «Par ma tête, dit Abd-Allah, avouez-moi la vérité. (L'envoyé continua sa défense.) *Par votre tête !* (Il nia encore.) *Prenez garde !......Par celle du sultan !* (L'autre persista encore.) Allons, reprit Abd-Allah, c'en est fait, tu as prononcé ton arrêt ! » Et tirant de son sein le *kat-chérif :* « *Reconnais-tu ce papier ?* Voilà comme vous gouvernez là-bas : oui, vous êtes une troupe de scélérats qui vous jouez de la vie de quiconque vous déplaît, et qui vous livrez de la main à la main le sang des serviteurs du sultan. Il faut des têtes à visir; il en aura une. Qu'on la coupe à ce chien et qu'on l'envoie à Constantinople ! »

» Sur-le-champ, l'ordre d'Abd-Allah fut exécuté ; et la suite de l'aga, congédiée, partit avec la tête de son maître. Après ce coup hardi, le pacha eût pu profiter de la faveur du pays pour lever l'étendard de la révolte ; il aima mieux aller chercher un asile dans le Kurdistan. Ce fut là que vint le trouver l'amnistie du sultan, et l'ordre de passer au pachalick de Damas.

» Cet Abd-Allah était un homme d'une trempe peu commune. Il quitta le lieu de son exil accompagné de cent hommes qui s'étaient attachés à sa fortune. En arrivant aux frontières de son gouvernement, il apprit qu'Asâd, ancien pacha de Damas qu'il allait remplacer, proscrit par suite d'une intrigue de cour, était campé dans un lieu voisin. Il en avait entendu parler comme du plus grand homme de la Syrie ; il désirait le voir. Il se déguisa, et, suivi de six cavaliers, il se rendit à son camp et demanda à lui parler. Il fut introduit, suivant l'usage de ces camps, sans beaucoup de cérémonies.

» Après le salut, Asâd lui demande où il va, et

d'où il vient. Abd-Allah lui répond qu'ils sont six à sept cavaliers kourdes qui cherchent du service ; qu'ils savent qu'Abd-Allah Satadji vient à Damas, et qu'ils vont le trouver ; mais qu'ayant appris en passant que lui, Asâd, était campé dans le voisinage, ils sont venus lui demander une ration. — Volontiers, dit Asâd ; mais connaissez-vous Satadji ? — Oui. — Quel homme est-ce ? Aime-t-il l'argent ?—Non. Satadji ne s'embarrasse ni d'argent, ni de pelisses, ni de schalls, ni de perles, ni de femmes ; il n'aime que les bonnes armes de fer, les bons chevaux et la guerre. Il chérit la justice, protége la veuve et l'orphelin, lit le Coran, vit de beurre et de laitage. — Est-il âgé ? dit Asâd. — Moins qu'il ne paraît. La fatigue l'a prématuré ; il est couvert de blessures : il a reçu un coup de sabre qui le fait boiter de la jambe gauche ; un autre lui fait porter le cou sur l'épaule droite. Tenez, poursuivit-il en se levant debout, depuis les pieds jusqu'à la tête c'est mon portrait. »

» A ce mot, Asâd pâlit et se crut perdu. Mais Abd-Allah se rasseyant, lui dit : « *Frère, rassure-toi !* je ne suis pas un messager de l'antre des voleurs ; je ne viens point pour te trahir ; au contraire, si je puis t'être bon à quelque chose, emploie-moi, car nous sommes tous deux au même rang chez nos maîtres. Ils m'ont rappelé parce qu'ils veulent châtier les Bédouins ; quand ils auront satisfait leur vengeance de ce côté, ils en reviendront à ma tête. *Dieu est grand ! il en arrivera ce qu'il a décrété.* »

» Après cette entrevue, Abd-Allah se rendit à Damas ; il y fit renaître le bon ordre, et mit un frein aux vexations des gens de guerre. Pendant son administration, qui dura deux ans, le pays jouit de la plus parfaite tranquillité. Les habitants de Damas disent encore aujourd'hui que, sous son gouvernement, on dormait les portes ouvertes. Quant à lui, il ne put éviter le sort qu'il avait prévu : après avoir échappé plus d'une fois à des assassins apostés, il fut empoisonné par son neveu. Il s'en aperçut avant de mourir, et, ayant fait appeler celui qui lui donnait la mort : « Malheureux ! lui dit-il, les scélérats t'ont séduit ! Tu m'as empoisonné pour profiter de ma dépouille. Je pourrais, avant de mourir, tromper ton espoir et punir ton ingratitude ; mais je connais les Turcs, ils se chargeront de ma vengeance. » En effet, à peine fut-il mort, qu'un capidji ou messager du grand-seigneur montra un ordre d'étrangler le neveu ; ce qui fut exécuté.

» Abd-Allah, à l'exemple de notre célèbre calife Haroun-al-Raschid, se déguisait souvent en mendiant, afin de tout voir par ses yeux. Les traits de justice, qui lui échappaient quelquefois sous ce déguisement, avaient établi dans son gouvernement une circonspection salutaire. Les habitants du pays en citent encore quelques-uns avec plaisir. Par exemple, on rapporte qu'étant à Jérusalem dans sa tournée, il avait défendu à ses soldats de rien prendre et de rien faire faire sans payer. Un jour qu'il rôdait, travesti en pauvre, tenant un petit plat de lentilles à la main, un soldat, qui portait un fagot, l'obligea de s'en charger. Après quelque résistance, il le mit sur son dos, et commença à marcher devant le soldat, qui le pressait en jurant. Un autre soldat reconnut le pacha, et fit signe à son camarade : celui-ci de fuir et de s'échapper par les rues de traverse. Après quelques pas, Abd-Allah, n'entendant plus son homme, se retourna, et fâché d'avoir manqué son coup, il ne put s'empêcher de jeter son fagot à terre en disant : « Le coquin ! il est si mauvais sujet qu'il a emporté mon salaire et mon plat de lentilles. » Mais le soldat ne le porta pas loin ; car, peu de jours après, le pacha le surprit à voler dans un jardin les légumes d'une pauvre femme qu'il maltraitait, et sur-le-champ il lui fit couper la tête.

» Si je voulais, mes chers compagnons, vous débiter ici toutes les histoires qui sont déposées dans mon souvenir, le soleil de demain pourrait bien nous retrouver à la place où nous sommes en ce moment. Mais il faut des bornes à tout; je crois avoir suffisamment payé ma dette; je finis donc en souhaitant un bon voyage à ceux d'entre vous qui sont sur le point de quitter ces lieux. »

CHAPITRE XV.

Agra et Delhy, grandes et célèbres villes de l'ancien empire du Mogol. — Honneurs rendus aux singes. — Lahore. — Etats des seiks et des Radjepoutes. — Kachemyre; ses jardins flottants; comment on y conserve les essaims d'abeilles. — Feux follets sur les rives de l'Hindus. — Ormuz.

M. Wilson et Francis, après avoir pris congé du nabab-visir du royaume d'Ouhde, et des marchands étrangers qui leur avaient fait si agréable compagnie, se remirent en marche pour explorer les principales contrées de l'Inde.

De Lucknow ils se rendirent à Agra, chef-lieu d'une riche province, et autrefois l'une des plus belles cités de l'Asie. Ils y virent le palais des empereurs du Mogol, bâti de granit rouge, en forme de demi-lune, ayant de chaque côté une galerie immense soutenue par une belle colonnade; des colonnes de granit vert décorent la salle du divan. La mosquée est construite en pierres brillantes de mica. Sept petits palais entourent ce bel édifice. Une autre grande mosquée, qui est à quelque distance du palais, est de granit rouge poli, et ornée de la manière la plus riche. La population d'Agra était évaluée à plus de six cent mille âmes.

La province d'Agra est contiguë à celle de Delhy, qui est beaucoup moins fertile, mais qui a joué aussi un grand rôle dans l'histoire de l'Inde. Nos voyageurs s'arrêtèrent à Delhy, qui se compose de deux villes, l'une habitée par les Indiens, l'autre par les Musulmans. Ils admirèrent là de beaux restes d'une grandeur qui s'est éclipsée : des monuments magnifiques, des mosquées de granit avec leurs minarets, les palais des princes et princesses de la famille impériale, de superbes mausolées, et surtout l'ancien palais impérial, dont la magnificence surpasse de beaucoup tout ce qui l'environne. C'est un édifice immense bâti en granit rouge; ses salles sont ornées d'or, d'azur, de marbre et de belles pierres; les écuries et les cuisines sont extrêmement vastes et claires. Autrefois la population de Delhy égalait celle d'Agra.

Dans la province d'Agra, ils s'arrêtèrent dans la ville de Binderabrend, ville en grande vénération chez les pieux Hindous, qui, la considérant comme la résidence du dieu Wishnou, s'y rendent des points les plus éloignés de l'Inde. Cette ville est située au milieu de bosquets, qui servent de demeure à une quantité innombrable de singes, dont le penchant naturel à la malice est encore augmenté par le respect religieux qu'on a pour eux.

C'est en l'honneur d'Hounaman, dieu de la mythologie hindoue, qui y est représenté sous la forme d'un singe, que ces animaux jouissent d'un pareil privilége. D'après cette dégradante superstition, il y a un si grand nombre de singes entretenus par les contributions volontaires des pèlerins, que personne n'oserait ni leur résister ni les maltraiter. C'est pourquoi il est souvent difficile d'approcher de la ville; car si, par hasard, un de ces singes prend en grippe un malheureux voyageur, celui-ci est sûr d'être assailli par toute la bande, qui le poursuit en l'attaquant avec tous les projectiles qu'elle peut rassembler, tels que morceaux de bambous, des pierres, de la boue; et en même temps ces animaux poussent des cris affreux. On a vu de tristes exemples du danger qu'il y a de rencontrer des ennemis de cette espèce. Deux jeunes officiers de cavalerie de l'armée du Bengale, ayant passé par hasard de ce côté, furent attaqués par une troupe de singes, sur l'un desquels ces jeunes gens avaient fait feu par mégarde. Le bruit attira sur le lieu toute la bande, ainsi que les fakirs[1], et tous accoururent avec tant de fureur, que les officiers, quoique montés sur des éléphants, furent contraints de chercher leur sûreté dans la fuite, et périrent tous deux, en essayant de passer la Djummah.

La province de Delhy offrit à nos voyageurs d'autres monuments de la superstition des Hindous. Ils firent halte à Haridwara, petite ville située à l'endroit où le Gange sort des montagnes. Ce lieu est célèbre par les pèlerinages et par la grande foire qui s'y tient à l'équinoxe du printemps et dure un mois. Les pèlerins s'y baignent dans le Gange, et les marchands de l'Hindoustan et du Décan y amènent une grande quantité de marchandises diverses, chameaux, chevaux, mulets, étoffes de coton, tabacs, métaux, fruits secs. Tous les douze ans, cette fête est tellement courue, qu'il y vient environ deux millions de personnes depuis le commencement du mois jusqu'à la fin.

M. Wilson prit ensuite la direction de Lahore, capitale du Pendjab, contrée qui fut longtemps inaccessible aux Européens, et qui est aujour-

---

[1] Les fakirs sont des moines indiens qui vont errant de pagode en pagode.

d'hui le siége d'un empire nouveau, à la grandeur duquel n'aura pas peu contribué un officier français, le général Allard, ancien aide-de-camp du maréchal Brune, qui fut poussé dans ces contrées lointaines par les tempêtes politiques.

La ville de Lahore possède de beaux édifices et de superbes jardins. Le palais des anciens empereurs du Mogol excite l'admiration; il a trois cent quatre-vingt-quatre pieds de long, et offre partout la plus grande régularité. Les salles y sont ornées d'or, de pierres bleues et de granit rouge. Les murs de la galerie sont couverts de cristal de roche. Les dômes et minarets des mosquées, les terrasses du jardin de Soliman, le beau mausolée de l'empereur Schangir, et les tombes qui entourent la ville, excitent la curiosité et fixent l'attention. Le palais a un toit en terrasse, planté des plus belles fleurs.

Nos voyageurs furent accueillis de la manière la plus honorable par Rendjet, le roi actuel de cette contrée, qui fit tous ses efforts pour les fixer auprès de lui. Mais ceux-ci résistèrent avec politesse à toutes ses sollicitations, et lui demandèrent une escorte de cavaliers pour continuer leur voyage : ce qu'il leur accorda de fort bonne grâce, quoiqu'il fût très-fâché de leur refus.

En quittant Lahore, ils allèrent visiter les curieuses mines de sel de Pendidadenkan ; puis, après avoir exploré les montagnes qui bordent le Jelum, ils se rendirent à Mirpour, où ils rentrèrent dans les montagnes pour arriver au Kachemyre, royaume dépendant du Pendjab.

Tout ce pays et plusieurs de ceux qui l'entourent sont appelés les états des Seiks. Ces peuples forment une secte religieuse qui abhorre les Musulmans, et se plaît à les employer aux travaux les plus pénibles. Leurs principaux chefs descendent des Hindous. Ils sont tous guerriers, robustes et vaillants, portent des pantalons bleus et des manteaux de diverses couleurs, sont habiles cavaliers. Ils sont tous armés, même les cultivateurs; ils portent lances, sabres, arcs et flèches. On croit qu'ils pourraient mettre en campagne cent mille cavaliers. Ils forment une grande république commandée par plusieurs chefs soumis à une assemblée nationale qui se réunit pour délibérer sur les intérêts communs. Les acalis, prêtres et guerriers tout à la fois, ordonnent ces assemblées et y entretiennent l'enthousiasme patriotique.

Il y a dans le voisinage des états des Seiks une autre confédération très-belliqueuse, qu'on nomme les états des Radjepoutes, qui sont gouvernés par des princes connus dans le pays sous le nom de rajahs. Arrêtons-nous un moment dans le Kachemyre, qui est un des plus beaux pays de l'Inde. C'est une grande vallée arrosée par de nombreuses rivières, et couverte de végétaux de toute espèce. Il est inutile de rappeler qu'on y fait un grand commerce de schalls du plus grand prix. Sa capitale, Sirinagar ou Kachemyre, ville située sur un lac, est très-populeuse.

Les rives du lac de Kachemyre sont bordées d'une verdure épaisse provenant des diverses variétés de joncs, de roseaux et autres plantes aquatiques qui s'étendent fort avant dans l'eau, en même temps qu'elles croissent et s'élèvent aussi sur les bancs, îlots et bas-fonds, qui entrecoupent des nappes d'eau d'une grande étendue. Le penchant des glaïeuls à pousser et à étendre leurs racines horizontalement, de manière à former sur la superficie des rivages une sorte de réseau ou tissu à mailles solides et fortement entrelacées, comme celles d'un filet, est bien connu des jardiniers du pays, qui ont su utiliser merveilleusement cette disposition naturelle.

Au commencement du printemps, lorsque les eaux sont encore basses, ces jardiniers coupent et enlèvent les racines de ces bancs de roseaux avec la terre qu'elles enlacent, à environ deux pieds au-dessous du niveau de l'eau, et ils en forment une bande ou lisière d'une grande longueur. Par ce moyen, ils obtiennent une plate-bande mobile, flexible et flottante, dont les parties terreuses et végétales sont fortement unies sur environ deux pieds d'épaisseur, six de largeur et cent de longueur. Quand cette plate-forme a commencé à prendre une certaine solidité, on tire du fond du lac de la vase que l'on jette comme une couverture par-dessus les herbes; et si le radeau est éloigné de la demeure du jardinier, celui-ci attache sa nouvelle propriété à son bateau, et parvient à la fixer dans son voisinage au moyen de deux forts pieux enfoncés aux deux extrémités, et qui pénètrent jusqu'au fond du lac. Ces radeaux sont destinés à la culture des concombres, melons ordinaires et melons d'eau.

Ces jardins flottants sont ordinairement entourés d'un rempart également flottant, composé d'une ceinture de joncs, roseaux, glaïeuls, fougères et autres plantes aquatiques qui sont, en général, impénétrables, et qui n'offrent d'accès pour les bateaux des propriétaires que dans certaines circonstances. Les abords en sont disposés de manière que, sans une minutieuse attention, un étranger ne saurait en soupçonner l'existence.

Quelquefois ces jardins flottants sont dérobés pendant la nuit, malgré leur grande étendue, et conduits à des distances assez considérables, de manière que, lorsqu'ils ont été transportés au loin et mêlés avec d'autres, il est assez difficile de les reconnaître. Pour prévenir ces inconvénients, les propriétaires de ces jardins flottants entretiennent entre eux des gardes de nuit. C'est un spectacle extrêmement curieux que celui de ces jardins singuliers, qu'au premier coup d'œil on prendrait pour autant de petites îles.

A Kachemyre, on emploie, pour la conservation des vieux essaims d'abeilles, une méthode simple et en même temps ingénieuse, qui diffère essentiellement du procédé destructif pratiqué en Europe.

Muni d'un bouchon de paille sèche de riz et d'un peu de braise dans un vase de terre, le propriétaire de la ruche détache avec la pointe d'un outil le plat de poterie intérieure qui ferme un des bouts de la ruche, et découvre ainsi les rayons de miel suspendus à la voûte et couverts entièrement par les abeilles, qui cependant n'ont pas l'air de s'apercevoir de cet acte d'hostilité. Plaçant ensuite la paille sur le charbon allumé, et approchant le vase qui le contient de la bouche de la ruche, il pousse fortement la fumée avec son souffle contre les rayons de miel, en ayant soin d'éloigner la paille au moment où elle s'enflamme, dans la crainte de brûler les abeilles, et il ne recommence son opération qu'après avoir éteint le feu. Fortement incommodées par la fumée, les mouches se précipitent par l'extrémité extérieure avec une telle rapidité, qu'en peu de minutes elles ont disparu.

Alors le propriétaire coupe avec un instrument tranchant les rayons de miel qui sont le plus à sa portée, et laisse dans la ruche, sans y toucher, un tiers des rayons qui sont voisins de l'issue extérieure. Il replace ensuite la pièce de poterie qu'il avait détachée, et, après avoir enlevé quelques abeilles restées adhérentes aux rayons de miel, et dans un état apparent d'asphyxie, il les jette au dehors. Bientôt ces petits animaux, revenus de leur engourdissement, se raniment tous. Les abeilles, expulsées par la fumée, reviennent dès qu'elle est dissipée, et toute l'opération est terminée en dix minutes, sans perte importante pour l'essaim.

Il est très-rare de voir des essaims périr. On a remarqué qu'un vieil essaim rend plus de miel qu'un jeune, et que les familles d'abeilles ne meurent guère de vieillesse. On garde souvent le même essaim jusqu'à dix et quinze ans, et il y a des exemples, rares il est vrai, d'une conservation de vingt années. Ces abeilles, absolument domestiques, sont d'un naturel plus doux que celles d'Europe, et il est probable que la confiance qu'on leur inspire a quelque part dans cette différence. D'ailleurs la place qu'elles occupent, soit au rez-de-chaussée, soit au premier étage des maisons, les met à l'abri des persécutions de la plupart de leurs ennemis.

M. Wilson faisait remarquer à son fils combien les étrangers peuvent faire leur profit d'une foule d'usages de divers pays, s'ils voulaient attacher leur attention à l'examen des détails. Ce sont, disait-il, autant de richesses qui n'ont point à craindre la rapacité des brigands, et qu'il leur serait aisé par conséquent de transporter dans leur patrie.

Au confluent de l'Indus et de la rivière de Caboul, M. Wilson et Francis eurent le spectacle d'un phénomène singulier. C'était la nuit : ils étaient sur le point d'entrer sur le territoire du Candahar. Ils aperçurent constamment dans cet endroit plusieurs feux follets visibles à la fois, et qui faisaient en quelque sorte l'office de flambeaux au milieu des ténèbres. Au premier moment, ils crurent que ce pouvait être la réflexion de l'eau sur le rocher devenu poli par l'effet du courant; mais, comme ces feux n'apparaissaient que dans un seul endroit, et qu'il était restreint à un espace de quelques pieds, ce n'était ni ne pouvait être une illusion. Ils demandèrent des explications sur la nature de ce météore ; mais les naturels du pays ne purent leur donner pour toute réponse que cette tradition populaire. Le vaillant Man-Singh, qui porta la guerre au delà de l'Indus pour se venger des Musulmans, livra, disent-ils, une bataille dans cet endroit; et quelques-uns regardent ces feux follets comme les esprits des hommes qui périrent dans la mêlée.

Après avoir côtoyé le Candahar, traversé le Ségistan, le Kerman et le Laristan, province de la Perse, nos voyageurs arrivèrent à la ville d'Ormuz, ville qui fut fondée, vers le onzième siècle, dans l'île de Géruan, rocher stérile et sauvage. Elle fut la capitale d'un royaume florissant qui s'étendait, d'un côté, jusqu'à l'Arabie; de l'autre, jusqu'à la Perse. La richesse d'Ormuz était due à l'heureuse situation de ses deux ports. Ils servaient d'échelles [1] au commerce de la Perse avec les Indes, à une époque où les Persans faisaient passer leurs marchandises par la Syrie et par Caffa. La ville d'Ormuz était brillante par l'affluence des négociants de toutes les contrées du globe, qui y étaient attirés par la politesse de ses habitants, ainsi que par les commodités de la vie dont on jouissait dans une ville qui était devenue, pour ainsi dire, le centre du luxe et de l'élégance. Cet état prospère dura jusqu'au moment où les Portugais, sous la conduite d'Albuquerque, s'emparèrent d'Ormuz et établirent leur domination dans

---

[1] Les échelles du Levant sont les places de commerce situées sur les côtes des contrées de l'Orient.

cette partie de l'Asie. On rapporte que le roi de Perse ayant fait demander un tribut au vainqueur, Albuquerque fit présenter à l'ambassadeur des boulets, des sabres et autres instruments de guerre, en lui disant : *Voici la monnaie dont le roi de Portugal se sert pour payer les taxes qu'on veut lui imposer.*

CHAPITRE XVI.

Pirates d'Ormuz; leurs cruautés; leur audace et leurs déprédations; comment on parvient à les exterminer.

Francis n'aurait pas été fâché d'aller voir de ses propres yeux la plupart des pays dont il avait entendu parler dans le caravansérail du major Martin. Mais, outre qu'il n'était pas sans danger de s'éloigner davantage de l'Hindoustan, comme il y avait déjà plusieurs mois que durait ce voyage, et que son principal but était rempli, puisque Francis avait totalement recouvré sa gaieté, M. Wilson pensa qu'il était convenable de revenir dans les possessions anglaises.

Pour ne pas perdre vainement le temps, en rétrogradant, et en parcourant de nouveau quelques-uns des pays qu'il venait de visiter, il résolut de s'embarquer à Ormuz sur le golfe Persique, et de se faire conduire à Bombay. Mais quand il consulta son hôte, ancien négociant anglais, pour savoir à qui il devait s'adresser pour avoir un bâtiment qui pût leur faire faire la traversée, à lui ainsi qu'à tous les gens de sa suite, il fut fort étonné de voir cet homme secouer la tête et chercher à le détourner de son projet, en lui disant que ces parages étaient infestés de pirates, et qu'il ferait beaucoup mieux de prendre une autre route.

Francis, pour qui tout était un sujet de questions, ne manqua pas de demander ce que c'étaient que ces pirates qui inspiraient tant de terreur. L'hôte satisfit sa curiosité en ces termes :

« Ces pirates sont fort nombreux et se composent de différentes tribus arabes. La principale tribu, celle des Joasmis de Rass-al-Kymer, étant intimement liée avec celle des Wahabis, constitue une puissance dangereuse sur les mers voisines. Ils ont beaucoup de grands vaisseaux et de bâtiments de moindre grandeur, et l'on assure que leur flotte a porté dix-huit à dix-neuf mille hommes à bord. Si l'on veut les en croire, leur histoire remonte à une antiquité très-reculée, et ils descendraient de ce roi pirate, dont parle le Coran, et qui était connu avant la sortie d'Égypte.

» Ces hommes, à différentes époques, ont nui au commerce du Portugal et à celui de l'Angleterre. Quelques-uns de leurs vaisseaux portaient jusqu'à quarante canons. On raconte ici une foule d'exploits qui attestent leur hardiesse. Il y a une trentaine d'années, ils s'emparèrent d'un bâtiment croiseur anglais. Ils se disposaient à massacrer l'équipage, et quelques malheureux avaient déjà été les victimes de leur barbarie, lorsque les autres furent sauvés par l'intervention d'un autre vaisseau qui attaqua les pirates, et coula à fond leur vaisseau, après un combat court, mais opiniâtre. Peu après, *la Minerve*, vaisseau marchand, commandé par le capitaine Hopgood, fut attaqué par une flotte composée de cinquante-cinq vaisseaux ou chaloupes, montés par cinq mille hommes. Après une canonnade assez longue, les Arabes parvinrent à monter à l'abordage et à s'emparer des ponts du vaisseau. L'issue de ce combat fut si horrible qu'à peine est-il possible d'y ajouter foi, ou d'avoir le courage de la raconter.

» Couvert de blessures et ne pouvant plus se soutenir, le capitaine Hopgood sentit qu'il ne restait aucun espoir de sauver le navire; il remit donc le seul pistolet qui lui restait à son contre-maître, en lui donnant l'ordre exprès de courir à la sainte-barbe, et de faire sauter le bâtiment dès que les pirates seraient sur le tillac. Mais une fois en bas, le contre-maître ne songea qu'à sa sûreté et courut se cacher; toute résistance fut inutile, et bientôt les Arabes se virent maîtres de tout le navire.

» Ce fut alors que de sang-froid ces monstres commencèrent un affreux carnage, accompagné d'une solennité barbare et d'une foule de cérémonies superstitieuses qui pouvaient ajouter encore à l'horreur d'un pareil spectacle. On employa l'eau, le parfum et les prières pour purifier le vaisseau ; alors on amena les victimes enchaînées l'une après l'autre ; et tandis que des cris de joie *Allah! Akbar!* retentissaient de toutes parts, on leur fit tendre la gorge pour recevoir le couteau, et elles furent offertes en sacrifice. *Allah il Allah!* (il n'y a de Dieu que Dieu !) et tout rentra dans le silence ; il ne restait plus de victimes. Un seul individu tout mutilé ne fut pas mis à mort, et fut débarqué dans le port le plus proche pour répandre cette horrible nouvelle.

» Enfin, l'année suivante, la patience de notre gouvernement étant épuisée, et notre commerce entièrement suspendu par les déprédations continuelles de ces pirates, une expédition partit avec ordre de les détruire; les troupes anglaises effectuèrent un débarquement, prirent d'assaut Rass-al-Kymer, et firent sauter cinquante-trois de leurs plus grands vaisseaux ; leurs autres postes furent successivement attaqués ; ils opposèrent une résistance opiniâtre, particulièrement lors de l'attaque de Chiras. N'accordant pas de quartier à leurs prisonniers, ils n'en attendent pas de leurs ennemis; et lorsque leurs murs étaient démolis et leurs batteries hors d'état de servir, ils n'en persistaient pas moins à se défendre.

» Sommés de se rendre, ils s'y refusèrent, et rejetèrent aux Anglais leurs bombes et leurs grenades avant qu'elles eussent eu le temps d'éclater; mais, néanmoins, leur rage barbare et indisciplinée demeura vaine contre les efforts de nos troupes, et la leçon qu'ils reçurent produisit un effet momentané qui les retint dans l'inaction pendant plusieurs années. Le manque de bois pour construire de nouveaux bâtiments fut peut-être la cause de cette longue inactivité, si peu analogue au caractère de ces tribus arabes. Mais, depuis quelque temps, voilà qu'ils recommencent leurs pirateries, de manière à donner de vives inquiétudes aux commerçants. Déjà plusieurs nouveaux désastres occasionnés par eux sont venus porter l'épouvante sur nos côtes. Ainsi je vous engage, mon cher compatriote, à ne pas prendre cette route pour retourner dans l'Hindoustan, ou du moins à attendre le départ prochain d'un vaisseau de guerre qui est à l'ancre dans notre port, et dont les batteries pourront vous protéger contre les pirates. »

M. Wilson goûta le conseil prudent de son hôte; et, à l'aide du haut crédit dont il jouissait auprès de la compagnie des Indes, il lui fut facile d'obtenir le passage sur ce bâtiment de l'Etat, pour lui et pour tout son monde.

CHAPITRE XVII.

Bombay; description de cette ville.— Coutumes des Parsis ou adorateurs du feu, qui l'habitent. — Goa; sa renommée d'autrefois. — L'empire du Mysore; quelques détails sur Hyder-Ali et Tippoo-Saheb.— Seringapatnam.— Danse ingénieuse du Mysore.

La traversée s'opéra sans périlleuse rencontre et avec célérité. M. Wilson, son fils et ses gens furent débarqués à Bombay, ville située dans l'île qui porte le même nom sur la côte de Malabar. Bombay est l'une des trois grandes divisions de l'empire des Anglais dans l'Inde.

Bombay n'est devenue une place d'importance que depuis le commencement du seizième siècle, alors qu'elle fut cédée aux Portugais. Sa position, à l'entrée du plus beau port qu'il y ait sur la côte occidentale de l'Inde, attira bientôt l'attention de ses nouveaux maîtres, qui élevèrent un fort pour protéger le mouillage. Cependant le voisinage de Goa, qui était la capitale de toutes les possessions portugaises dans l'Orient, empêchait la ville de Bombay de prospérer autant qu'elle aurait pu le faire. Ce ne fut donc que lorsque Bombay eut été cédée à l'Angleterre, qu'elle s'accrut rapidement; enfin, elle est devenue un des principaux arsenaux maritimes anglais dans cette contrée.

La ville de Bombay est extrêmement forte du côté de la mer, et une infinité de batteries en commandent le havre; il s'en faut de beaucoup que du côté de la terre elle soit en état d'opposer la même résistance. Au contraire, si un ennemi pouvait débarquer assez de troupes pour faire les approches en règle, la place serait bientôt contrainte de capituler. Les maisons de la ville, qui sont hautes et très-faciles à incendier, sont si voisines des murs, que si le feu y prenait, il ne serait plus possible aux troupes de se tenir sur les remparts; en quelques heures un bombardement réduirait la place en cendres, et probablement il en serait de même des magasins.

C'est donc comme arsenal maritime que Bombay paraît être un port de la plus grande importance. Le commerce de cette ville n'est plus ce qu'il a été, à cause du privilége accordé aux Arabes, et particulièrement aux sujets de l'iman de Mascate, dont le pavillon est considéré comme neutre. En conséquence, leurs vaisseaux entrent dans le port de Bombay, et se rendent d'un côté de la péninsule à l'autre, sans avoir un seul Européen à bord, ni même pour une roupie [1] de marchandise qui appartienne à un sujet de la Grande-Bretagne.

Bombay passe pour tirer son nom des mots portugais qui répondent à *bon bain* ou *bonne baie*. D'autres disent qu'elle était ainsi nommée avant que les Européens la possédassent, et qu'elle devait son nom à la déesse Bomba qui y était adorée.

Du haut du fort on jouit d'une très-belle vue sur la baie, dont la surface polie est interrompue çà et là par des îles dont la plupart sont boisées, et les cimes élevées et bizarres des montagnes de la Table forment un fond de tableau très-remarquable. La mer baigne le fort de trois côtés. Du quatrième côté, il y a une esplanade, à l'extrémité de laquelle est la ville noire, dont les maisons sont environnées de palmiers. Malheureusement, dans cette belle position, l'air n'est point salubre; la fièvre y fait quelquefois de grands ravages, et nulle part dans l'Inde les maladies ne sont ni plus communes ni plus fatales. La brise de terre qui

---

[1] C'est une monnaie de l'Inde qui vaut 2 fr. 47 c.

s'élève tous les soirs est telle, qu'elle donne quelquefois le frisson. Il est probable que ces funestes résultats doivent être aussi attribués aux vapeurs délétères que cette brise entraîne en passant sur les plantes, qui, à la suite des pluies, croupissent dans les marais situés aux extrémités du havre. Une vie bien réglée, exempte de tout excès, a été reconnue comme le plus sûr moyen d'entretenir la santé.

M. Wilson consentit à rester quelques jours dans cette ville pour que Francis pût avoir le temps de l'examiner en détail et d'étudier les mœurs de ses habitants.

Francis y retrouva les Parsis ou adorateurs du feu, dont il avait été question dans le récit du marchand persan. En effet, les Parsis composent la plus grande partie de la population de Bombay. Ils forment là un corps de nation qui ne ressemble à aucun autre dans l'Inde. Ils vinrent y chercher un refuge contre la persécution exercée à l'égard des adorateurs du feu par Chah-Abbas, dans le seizième siècle, et Bombay devint pour eux une seconde patrie; à peine existe-t-il dans toute l'île un pouce de terrain ou une maison qui ne leur appartienne pas. M. Wilson ayant demandé un jour à l'un des plus recommandables pourquoi ils faisaient des acquisitions qui ne leur rapportaient que quatre pour cent, tandis que le commerce pourrait aisément leur faire retirer de leurs fonds huit ou dix, le Parsis lui répondit : « C'est ici notre terre natale, nous devons y vivre et y mourir. Nous n'avons point d'autre patrie, et en conséquence nous sommes bien aises d'y posséder quelque chose que nous puissions laisser à nos enfants. Vous autres Anglais, vous n'êtes que temporairement dans l'Inde ; c'est pourquoi vous désirez y amasser le plus d'argent que vous pouvez, afin de retourner ensuite dans votre patrie, où je suppose que vous agissez comme nous agissons ici. »

Les Parsis sont loyaux, actifs et fort riches ; ils contribuent singulièrement à la prospérité de la présidence de Bombay. Il ne s'y trouve aucune maison de commerce européenne où quelqu'un d'entre eux n'ait un intérêt. Leur influence est par conséquent très-grande, et l'espèce de fraternité qui les unit les fait agir avec toute la force d'une famille où règnent l'affection et la concorde.

Du reste, les Parsis de Bombay ont peu de chose des mœurs asiatiques ; ils se nourrissent comme les Anglais. Leurs maisons sont garnies d'une infinité de miroirs, de peintures et d'estampes venus d'Angleterre.

M. Wilson et son fils furent invités à une fête donnée par l'un d'eux. Les jardins furent illuminés avec des torches et des lampes qui répandaient la plus vive lumière ; une troupe de musiciens exécutaient des airs sur une espèce de terrasse, et la variété des costumes donnait à la réunion l'air d'un bal masqué. Il y avait d'excellentes danseuses. Le café, le thé, l'attar, l'eau de lavande, et d'autres parfums, concoururent à faire les frais de cette fête indo-anglaise, qui fut très-brillante.

On doit dire, au grand honneur des Parsis, qu'ils prennent soin de leurs pauvres. Ceux de la classe supérieure sont généreux et vivent avec magnificence ; ceux de la classe inférieure sont actifs et intelligents, et doivent être préférés comme domestiques aux Musulmans et aux Hindous. Les manières des Parsis annoncent de la douceur et un esprit de conciliation.

Leur religion est tolérante, et comme elle ne gêne en rien le service public, on lui laisse son entière liberté. Ils ont un grand nombre de temples ; toutefois il ne paraît pas que les ministres de leur culte aient une grande autorité en dehors des rites et cérémonies.

Ce fut pour Francis un spectacle curieux de voir soir et matin les adorateurs du soleil, vêtus de robes blanches et flottantes, et la tête couverte de turbans de couleur, accourir en foule sur l'esplanade, y pousser des exclamations à l'aspect des premiers rayons de l'astre du jour, ou se prosterner humblement lorsqu'il était sur le point de quitter l'horizon. Les femmes ne s'y montraient point ; mais elles ont coutume d'aller puiser de l'eau, comme les femmes du temps des anciens patriarches. La plupart des riches Parsis se retirent de bonne heure tous les soirs dans leurs maisons de campagne ; puis ils se rendent dans un lieu agréable, appelé *la Brèche,* où s'élève une magnifique chaussée, au moyen de laquelle on est parvenu à arrêter les envahissements progressifs de la mer, qui menaçait de partager l'île en deux. C'est un très-bel ouvrage qui résiste à toute la violence des flots. Le terrain qui a été conquis de la sorte sur la mer est rempli de marécages ; il est longtemps demeuré inculte ; mais avec le temps et les efforts de quelques particuliers, on viendra à bout de le dessécher.

M. Wilson, en quittant Bombay, se fit conduire à Goa, ville autrefois si renommée pour l'étendue de ses relations commerciales. Cette ville, aujourd'hui presque en ruine, est située sur plusieurs collines, aux embouchures de la rivière du même nom. Comme Bombay, elle est dans une île ; elle fut longtemps la résidence d'un vice-roi et d'une administration portugaise ; maintenant elle est occupée par une garnison anglaise.

Malgré son état de dégradation, on admire encore le palais, la cathédrale, l'ancien collége des Jésuites et l'église de Saint-François-Xavier, où l'on voit une chapelle qui renferme le mausolée de ce saint, orné de riches bas-reliefs.

Nos voyageurs gagnèrent ensuite l'empire du Mysore ou Maïssour, où régnèrent le fameux Hyder-Ali et son fils plus célèbre encore, Tippoo-Saheb. M. Wilson, chemin faisant, se plut à raconter à Francis les principaux traits de la vie de ces princes indiens.

« Hyder-Ali, dit-il, était le fils d'un général de l'armée du Mogol ; il devint lui-même, très-jeune encore, généralissime des troupes du Mysore. Un brahmine, favori du jeune roi de cet empire, jaloux de la réputation et de la puissance d'Hyder, voulut le perdre ; mais la fortune du généralissime le sauva ; près de tomber entre les mains de l'ennemi, il lui échappa en traversant un fleuve à la nage, marcha avec quelques troupes sur Seringapatnam, capitale du Mysore, l'assiégea, se fit livrer le perfide brahmine qu'il condamna à être enfermé dans une cage de fer, et se fit proclamer lui-même régent du royaume.

» En cette qualité, il commença par rétablir l'ordre dans les affaires de l'État, et remporta ensuite plusieurs victoires sur des voisins redoutables. Chaque pas qu'il faisait augmentait la terreur de ses armes et accroissait en même temps sa propre puissance. Nommé soubab de Seirra, il se trouva élevé au rang des plus grands princes de l'Inde. La conquête le mit successivement en possession du royaume de Canara, et de celui des Naïres sur la côte du Malabar. Calicut, capitale de ce dernier État, se rendit à ses armes; mais le zamorin ou roi du pays se brûla dans son palais avec sa famille et ses trésors. Bientôt Hyder-Ali eut à lutter contre son propre frère qui s'était révolté contre les Marattes, peuples belliqueux du Décan, et contre les Anglais qui voulaient dès lors étendre leur domination dans ces contrées. Hyder se débarrassa par un accommodement de ces deux premiers ennemis pour faire face au troisième. Pendant cette guerre, qui dura plus de deux ans, il déploya toutes les ressources de son génie; non-seulement il combattit avec gloire des troupes qui avaient sur lui l'avantage de la science militaire, mais encore il les mit dans la nécessité de demander la paix. Cette paix fut signée en l'année 1769, et l'on peut dire en l'honneur d'Hyder-Ali, qu'il sut, à la tête d'un petit corps de cavalerie, faire la loi au conseil de Madras, et le forcer d'accepter ses conditions. Plus tard, il fit avec des succès divers la guerre aux Marattes, porta l'alarme sur la côte de Coromandel, battit plusieurs fois nos troupes, qui à leur tour prirent leur revanche à Porto-Novo, fameuse journée, de laquelle dépendait le sort de toutes les nations européennes ayant des possessions dans l'Inde. Enfin, en 1782, un corps de troupes françaises vint augmenter les forces d'Hyder; on s'attendait à de nouvelles hostilités, lorsqu'on apprit la mort de ce prince indien. Son fils Tippoo-Saheb, qui l'avait glorieusement secondé dans plusieurs expéditions militaires importantes, lui succéda dans le gouvernement des Etats du Mysore, et maintint leur indépendance contre le Grand-Mogol. Mais il avait de plus grands ennemis à combattre : les Anglais, mes compatriotes, qui gagnaient de jour en jour dans l'Inde. Tippoo, en 1788, envoya des ambassadeurs à la cour de France pour demander des secours contre l'Angleterre; on leur donna des fêtes et des spectacles, mais rien de ce qu'ils venaient demander. Tippoo, réduit à ses seules forces, éprouva des pertes multipliées contre les armes anglaises. Défait à la bataille de Travanore, où il perdit son turban, son palanquin et ses bijoux, il vit prendre bientôt après la ville de Bangalore, sans pouvoir la secourir. Une autre défaite le mit dans la nécessité de demander la paix, qui ne lui fut accordée qu'aux conditions les plus dures. En effet, il livra aux vainqueurs 3,000,000 de livres sterling, une partie de ses places fortes et deux de ses fils pour otages.

» Cependant la Compagnie des Indes n'était point encore satisfaite de ces avantages ; elle voulait détruire un ennemi inquiet et ardent à se venger. La guerre se ralluma en 1799, et se termina par la conquête entière du royaume de Mysore, et par la mort de Tippoo-Saheb qui fut tué sur les remparts de sa capitale, en combattant vaillamment pour sa défense. »

Comme il achevait ces paroles, M. Wilson découvrit au loin les plus hauts édifices de Seringapatnam, et les montrant à Francis :

« Voici, lui dit-il, le théâtre de la gloire et des malheurs de Tippoo-Saheb, et en même temps le siége de la munificence d'un grand nombre de princes indiens. Toute cette puissance a changé de possesseurs. Vanité des vanités ! »

Bientôt ils entrèrent dans Seringapatnam, grande ville forte, dans une île du Cavery. Le grand nombre de vastes édifices qu'elle renferme l'a fait préférer, comme place d'armes, à Bangalore, où il aurait fallu dépenser des sommes considérables en bâtiments. Seringapatnam est néanmoins très-inférieure à toutes les autres capitales de l'Inde. Les palais du sultan n'ont ni le caractère imposant de l'architecture massive des Hindous, ni l'élégance et la légèreté pour ainsi dire aérienne des édifices que les Musulmans ont élevés à Lucknow. Les appartements publics de Tippoo-Saheb étaient beaux, mais ceux d'Hyder-Ali étaient simples à l'excès. Les zézannahs ou appartements des femmes de ces deux princes consistaient en bâtiments carrés, hauts de deux étages et entourés de virandahs. Quelques-unes des pièces étaient vastes, mais dépourvues d'ornements.

Les divers palais de Seringapatnam ont été appropriés à des objets d'utilité publique. Celui d'Hyder-Ali est habité par des chirurgiens, et son zézannah est transformé en un hôpital pour les troupes européennes. Le zézannah de Tippoo sert de caserne à l'artillerie; ses appartements particuliers sont occupés par le résident pour la Compagnie des Indes, et ses appartements publics par les troupes anglaises. Le manque de fenêtres à l'extérieur donne un air lourd à ces édifices. On a déblayé tout ce qui était entre eux et le temple de Shry-Runga, qui a une haute tour du genre d'architecture de plusieurs pagodes. Sur la gauche est l'ancien palais des rajahs de Mysore, et sur la droite sont les remparts avec leurs allées de jeunes arbres.

Quant à l'arsenal de Tippoo, qui composait un édifice qu'on appelait Tchoultry, et une pagode attenante au palais du rajah, l'architecture en est massive et beaucoup plus ancienne que celle des autres bâtiments. Les piliers en sont carrés et couverts de sculptures. Ce dépôt contient une grande quantité de fusils à mèche, de lances, de crics, de couteaux de naïre et d'armures qui ne peuvent être aujourd'hui d'aucun usage. Ce qu'il y a de plus curieux, ce sont plusieurs pièces de canon jetées en fonte par Tippoo, et ornées d'une figure de tigre dévorant une tête d'Européen, emblème de la haine implacable du sultan contre ses ennemis.

Le palais adjacent, qui tombait en ruine, a été remplacé par une manufacture d'affûts de canon, pour lesquels on emploie du bois de tek, qu'on tire des forêts situées à quarante milles de Seringapatnam. Au moyen de ce bois, on peut, sans nuire aucunement à la solidité, donner de la légèreté et de l'élégance à l'ouvrage.

M. Wilson et Francis assistèrent, au Mysore, à un divertissement fort original, qui mérite d'être décrit. D'un anneau fixé au centre du plafond de l'enceinte où le public est rassemblé, descendent huit cordons de soie de différentes couleurs, dont quatre jeunes garçons et quatre jeunes filles tiennent les extrémités. A un certain signal, ces huit enfants commencent une danse dont les pas sont réglés de façon à ce que peu à peu ils arrivent à tresser ensemble les huit cordons. Après avoir tourné quelque temps dans un sens, l'orchestre change d'air, et la tresse se détord pour se former de nouveau dans un autre sens. On peut produire les effets les plus agréables par le jeu des couleurs des cordons qui se réunissent comme par enchantement, et par les vêtements variés des enfants qui, éloignés et isolés lorsque les fils sont libres et séparés, se mêlent, semblent se confondre et perdre la règle de leurs pas, pour reparaître bientôt unis, groupés sous leur large et éclatante tresse.

Nos voyageurs laissèrent de côté plusieurs villes du Mysore, telles que Magri, ville forte, avec des pagodes et des monuments d'architecture et de sculpture, et Bangalore, où l'on voit un palais bâti par Tippoo-Saheb.

CHAPITRE XVIII.

Pagodes célèbres ; celle de Tanjaor et celle d'Elephanta. — Haine des Cipayes contre les Anglais. — Pondichéry. — Côtes du Malabar.

Parmi les pagodes les plus remarquables qui furent l'objet de la curiosité de Francis et de son père, il faut citer celle de Congivouram, qui renferme un temple soutenu par mille piliers sculptés, et un monument de cuivre doré en forme de colonne ; celle de Chillembram, qui a une belle pyramide, une grande galerie, et un vaste réservoir avec un escalier de granit rouge, un salon soutenu par des colonnes en granit bleu sculptées, et quatre guirlandes d'une pierre polie, de plus de cent trente pieds de long, qui sont attachées à la voûte de la nef ; la montagne des Sept-Pagodes, où l'on voit des figures gigantesques taillées d'un seul bloc ; la pagode de Vizigapatam, où sont entretenus plus de cent singes vivants.

La pagode de Tanjaor ou Tanjore attira également leur attention. C'est dans le petit fort de cette ville qu'est situé ce temple célèbre, qui passe pour le plus beau modèle d'édifice pyramidal qu'il y ait dans l'Inde. Ce grand temple est sans contredit un très-beau morceau d'architecture, et il diffère de tout ce qu'on voit en ce genre dans ce pays, tant par la manière dont il se termine que par les ornements dont il est décoré. Comme le rajah craignait que les deux Anglais ne voulussent y entrer, ceux-ci ne s'avancèrent que jusqu'à la porte, pour examiner le taureau noir qu'on dit être un des plus parfaits qu'aient exécutés les artistes hindous. Les brahmanes vinrent au-devant d'eux, et leur présentèrent des fleurs et des fruits. Puis M. Wilson et Francis montèrent sur les remparts qui, étant plus hauts que le mur d'enceinte de la pagode, leur en laissèrent voir l'intérieur. De là on jouit d'une très-belle vue. La pagode forme le premier plan du tableau. Le grand fort avec le palais du rajah et les autres pagodes se montrent ensuite. Derrière s'étend un pays riche qui produit du riz et se trouve garni de massifs d'arbres. Une chaîne de hautes montagnes forme le dernier plan.

Dans l'île d'Elephanta, qui élève presque au centre d'un bois sa tête couronnée de forêts, se trouve une autre pagode qui n'est pas moins célèbre. On y voit une figure originale de Brahma, exprimant admirablement le calme du créateur de l'univers. Wishnou, qui est à sa gauche, tient dans sa main le *lotus*. Cette plante semble se développer au rayon qui sort de l'œil du dieu, dans tous les traits de qui se peint la bienveillance. Sivah, autre divinité des Hindous, a un air sinistre qui est d'accord avec les objets qu'il tient devant lui : ce sont deux serpents à chaperon. La finesse de l'idée de l'artiste et le mérite de l'exécution de ces figures sont infiniment admirables. Quelle perfection ne devaient-elles pas montrer avant d'avoir été dégradées!

En parcourant la côte de Carnate, ils rencontrèrent nombre d'autres monuments du même genre. A Vellore, on leur donna des détails intéressants sur le terrible massacre dont les Anglais furent victimes en 1806. Les Cipayes [1] se révoltèrent contre leurs chefs tous anglais, dont la dureté et la brutalité les avaient depuis longtemps exaspérés. Plus tard, la politique trouva d'autres causes à cette insurrection.

Ce qui paraît certain, c'est que le turban que portaient les Cipayes de l'armée anglaise de Madras, n'étant pas le même pour tous les corps,

---

[1] C'est le nom que portent les naturels du pays qui servent comme soldats dans les troupes anglaises.

et ayant d'ailleurs l'inconvénient d'être trop
lourd, on voulut lui en substituer un d'une autre
forme. Le second bataillon du quatrième régiment, alors en garnison à Vellore, s'y opposa, en
déclarant qu'un tel changement porterait atteinte
aux priviléges des castes. Les officiers anglais
prétendirent que ce n'était là qu'un prétexte.
Alors les Cipayes se jetèrent sur leurs chefs. Il
paraît que le massacre commença contre le
soixante-neuvième régiment, qui probablement
était composé d'Anglais. Il dura plusieurs heures.
La fureur fut telle, que des Cipayes malades, et
se traînant à peine, sortirent de l'hôpital pour
aller prendre part au carnage, et que les soldats
anglais furent arrachés de ce même asile pour
être mis en pièces. Des enfants même voulurent
signaler leur haine contre leurs oppresseurs :
ceux qui étaient attachés au corps des Cipayes
s'armèrent des carabines avec lesquelles on les
exerçait, et secondèrent les révoltés. A la fin, un
corps de cavalerie, arrivé d'Arcot, rétablit l'ordre
et délivra les restes du régiment en proie à ces
furieux.

Le complot qui avait précédé cet horrible acte
de vengeance avait été tramé avec habileté ; sur
plusieurs centaines d'individus qui avaient prêté
serment d'exterminer les Européens et de rétablir le gouvernement musulman, le secret ne fut

révélé que par un seul. On voulut voir dans cet événement une conjuration ayant pour but de faire remonter sur le trône la postérité de Tippoo-Saheb. Mais ces malheureux princes étaient gardés fort étroitement et ne communiquaient avec personne. Cependant on se servit de cette prétendue complicité pour les transférer à Calcutta. Il eût été plus naturel de voir dans ce massacre la haine invétérée que les naturels du pays avaient vouée à leurs tyranniques dominateurs.

M. Wilson et Francis firent quelques jours de halte à Pondichéry, jadis la ville la plus superbe de l'Orient, et la capitale des possessions françaises, lorsqu'elles s'étendaient sur la plus grande partie du Carnate.

Cette ville ne s'est jamais relevée entièrement depuis qu'elle tomba au pouvoir des Anglais en 1761. Les fortifications furent rasées, et le glacis combla les fossés. Ce n'en était pas encore assez pour satisfaire l'ambition de la Compagnie des Indes. Il semblait que le seul souvenir de cette grande puissance que les Français avaient eue dans l'Inde, l'épouvantât; et, pour en empêcher autant que possible le rétablissement, elle résolut d'étendre la dévastation sur les édifices en général. Le collége des Jésuites et d'autres bâtiments publics attestent encore la fureur de son ressentiment. On voit toujours couchés par terre sur la place les colonnes et autres ornements que le gouverneur français Dupleix tira d'une pagode en pierre noire, et dont il se proposait sans doute de faire un dorbar ou salle d'audience, lorsqu'il prit le titre de nabab, et qu'il vivait au milieu de toute la pompe d'un souverain de l'Orient. Quant aux maisons particulières, elles ont été complétement réparées; et Pondichéry, malgré tous ses désastres, est, après Calcutta, la plus belle ville qu'on voie dans l'Inde.

Lorsque nos voyageurs eurent pris une connaissance exacte de cette grande cité, victime des vicissitudes de la fortune, et plus encore de la jalouse cupidité des hommes, ils se tournèrent vers la côte du Malabar, qui est habitée par les Naïres et les Mapulets, descendants des Arabes. Les principales villes qu'ils y rencontrèrent sont Cananor, grande ville, bien peuplée avec un bon port, un château fortifié, occupé par une garnison anglaise; Telichery, forte ville, avec un beau palais, un arsenal anglais; Cochin, ville bien bâtie et fortifiée, qui a une rade d'où l'on exporte des bois rares et des pierres fines; des bazars pour les Juifs blancs, les Juifs noirs et les Maures; Calicut, qui a un port à demi comblé et une vieille forteresse; cette dernière ville est la capitale de la province de Malabar, dans laquelle on fait un grand commerce de poivre et d'autres épices.

Cette tournée faite, ils s'embarquèrent pour l'île de Ceylan qui est séparée de la presqu'île occidentale de l'Inde par un petit détroit.

CHAPITRE XIX.

—

L'île de Ceylan ; mœurs de ses habitants. — Diverses castes des Chingalais. — Malabars de l'île de Ceylan. — Colombo; cause de l'insalubrité du climat de ce pays.

L'île de Ceylan paraît avoir trente-quatre mille lieues carrées de surface. La chaleur est très-forte dans l'intérieur, où elle est concentrée par des forêts et des collines ; sur les côtes, elle est tempérée par les brises. Elle est traversée du sud au nord par une chaîne de montagnes, dont le pic d'Adam est le sommet le plus élevé. L'île contient des pierres précieuses, des cristaux, du soufre et du salpêtre. Dans l'intérieur, les montagnes sont garnies de bois et d'épais buissons, habités par des tigres et des éléphants.

La richesse de l'île de Ceylan se montre surtout sur les côtes. Là prospèrent de grandes plantations de canneliers, de cocotiers et de bétel, des champs de riz, l'orange du roi, fruit vanté par les voyageurs, et des palmiers de plusieurs espèces. Les poissons et les oiseaux accroissent encore les ressources de cette île. Des monuments d'architecture attestent son ancienne splendeur ; ce sont des palais de marbre, des temples avec des colonnades, des ponts en pierre de taille. Les contrées maritimes ont été soumises d'abord par les Portugais, puis par les Hollandais, et enfin par les Anglais qui ont pris possession de l'île entière en détrônant le roi indigène, dont la capitale était Candy, ville bâtie en triangle sur une hauteur, auprès du fleuve Malivagonga. Le siége de l'administration anglaise est à Colombo, ville ancienne, qui possède une citadelle et des établissements publics assez considérables.

Le bâtiment qui portait nos voyageurs cingla par un beau temps vers l'île de Ceylan. On découvrait d'abord le pavillon anglais qui flottait sur le petit fort d'Hambangtotte, d'où fut aussitôt détachée une chaloupe, qui vint sur le bâtiment par son travers. Ceux qui la montaient remirent au capitaine une note par laquelle le commandant du fort demandait, suivant l'usage, le nom du vaisseau, d'où il arrivait, et s'il apportait des nouvelles.

Bientôt, ou du moins après quelques heures de navigation, Pointe-de-Galle apparut à quatre milles de distance. Cette ville s'appuie sur une chaîne de montagnes aux cimes arrondies et entièrement couvertes de forêts. Nos voyageurs y mirent pied à terre, et furent très-bien accueillis par les officiers du fort, leurs compatriotes. Faute de relais, ils se virent obligés de se faire porter en palanquins jusqu'à Colombo. Chemin faisant, ils purent admirer la vigoureuse végétation de l'île ; le sol était couvert de canneliers, de plantes aux fleurs larges et belles étalant les couleurs de la rose.

Ils arrivèrent au bord d'une rivière au coucher du soleil. Un bateau formé de trois canots liés ensemble, et couverts d'une espèce de plate-forme, les attendait là. Le gouverneur de l'île avait ordonné qu'on eût pour les voyageurs toutes sortes d'égards. En conséquence, ils furent honorés d'un tendelet [1] de toile blanche et d'une chaise garnie de la même étoffe, marques de distinction réservées pour les plus hauts personnages. Les poteaux qui portaient le tendelet, et les rideaux qui entouraient le bateau, étaient ornés de jeunes feuilles de cocotiers fendues en plusieurs morceaux, ce qui produisait un effet agréable. Les eaux de la rivière étaient limpides, et les bords couverts de hautes

---

[1] Terme de marine qui sert à nommer une pièce d'étoffe tendue à la poupe d'une embarcation.

herbes ou de roseaux. Tout le pays qu'ils traversaient était ondulé, et çà et là s'élevaient des rochers très-pittoresques. La végétation était toujours aussi forte qu'à l'entrée de l'île.

Francis et M. Wilson avaient repris leurs porteurs à la sortie du bateau; ils voyageaient constamment à très-peu de distance de la mer. A la nuit, les porteurs firent avec des branches, ou plutôt des feuilles de cocotier mort, des torches qui jetèrent une lumière vive que réfléchissait la voûte épaisse formée par les palmiers, et sous laquelle ils cheminaient. Les jeunes gens des villages, qui se trouvaient sur leur route, se joignaient à ce cortége, portant aussi des torches allumées, de sorte que c'était une illumination complète. Cette lumière éclatante et cette foule faisaient un spectacle enchanteur et presque magique.

Nos voyageurs passèrent ainsi à Caltoura, poste militaire, d'où ils repartirent pour Colombo, qui est à vingt lieues plus loin. Ils rencontrèrent à leur arrivée un *lascaryn,* ou soldat de milice, chargé de les conduire à la maison de plaisance du gouverneur, qui les accueillit de la manière la plus hospitalière. Le lendemain, les principaux des insulaires vinrent leur faire visite. Le principal magistrat, qu'on appelle le *maha-moudeliar,* avait un habit de soie sur lequel il portait des chaînes et des médailles d'or. La plupart des autres étaient vêtus à peu près de même, mais il n'y en avait qu'un petit nombre qui eussent des marques de distinction. Les Maures avaient des robes blanches et des anneaux de pierreries aux oreilles.

Quelques jours après, on leur donna le spectacle, si l'on peut donner ce nom aux scènes dont ils furent les spectateurs. D'abord des enfants dansèrent en rond, en faisant des gestes grotesques et en frappant sur des morceaux de bois. Ils étaient accompagnés d'un homme qui jouait du tam-tam, dont ils soutenaient longtemps les sons avec la voix. Parut ensuite un masque ayant des cornes et d'autres attributs hideux. On apprit aux étrangers que ce personnage représentait le diable. D'autres figures, d'un aspect plus affreux encore, se présentèrent après celle-là : c'étaient le père et la mère du diable. Ces figures dansèrent avec lenteur et chantant en même temps ; elles répandirent autour d'elles de la résine, puis elles y mirent le feu avec des torches. La femme du diable fit aussi son apparition, suivie d'un autre individu monté sur des échasses, et portant un habit à la hollandaise et un masque de Venise.

Les Malabares voulurent ensuite représenter quelques scènes dans le virandah. Tout ce qu'on put voir, ce fut une femme qui portait son mari sur son dos, et dont la tête, les reins, les cuisses étaient artificiels. Puis on eut une mascarade de princes et de princesses à la chasse. Un ours et des cerfs, qui n'étaient point mal imités, y figurèrent; mais la pluie qui vint à tomber par torrents fit fuir la plupart des spectateurs.

Rien n'est plus étrange que l'état politique de Ceylan depuis que les Européens sont maîtres des côtes. Ceux-ci entourent si complétement de leurs postes les Etats du souverain naturel de l'île, qu'il ne peut communiquer librement avec les pays étrangers, et que, lorsque pour se conformer à sa religion, qui lui défend de prendre une autre épouse, il fait venir de la côte du Malabar une femme de sa propre caste, il est obligé de demander le passage pour elle. Quant aux Européens, bornés à une lisière étroite sur le rivage, ils ne peuvent pénétrer dans l'intérieur des terres, ni se rendre autrement que par terre, et en suivant un long circuit, à ceux de leurs établissements qui sont situés sur un autre point de l'île.

Un tel partage dut donner lieu à de fréquentes querelles. Aussi les Portugais et les Hollandais furent-ils successivement engagés dans des guerres sanglantes contre les naturels de l'île, qui les considéraient comme des usurpateurs A la fin, les Hollandais s'emparèrent du monopole du commerce de Ceylan, prirent la capitale du roi de Candy, et ne la lui rendirent que par un traité de paix qui le réduisait à la condition de vassal.

Lorsque plus tard les Anglais se furent rendus maîtres de toutes les côtes de Ceylan, le roi de Candy et le gouvernement de Madras s'envoyèrent réciproquement des ambassades; mais il n'y eut pas moyen de s'entendre diplomatiquement avec ce prince insulaire; on fut obligé de le réduire par la force des armes.

Les naturels de l'île de Ceylan portent le nom de Chingalais. Ils sont divisés en différentes castes, qui elles-mêmes se subdivisent encore. La première est celle des agriculteurs. C'est de son sein qu'on tire les premiers magistrats. Les autres classes fournissent les officiers inférieurs et les lascaryns ou la milice. La caste des pêcheurs est nombreuse et puissante ; mais les Musulmans se livrent aussi à la pêche. Les autres castes se distinguent par leurs métiers, dont l'exercice est pour elles un droit exclusif. Ainsi les blanchisseurs ne font que laver les vêtements, et les barbiers se bornent à raser. Une querelle étant survenue entre ces deux castes, les hommes de la première gardèrent leur barbe longue, et les autres leurs habits sales, jusqu'à ce que le gouverneur, dégoûté de leur aspect, eût négocié lui-même une réconciliation. Les chalias, ou ceux qui écorcent la cannelle font une caste nombreuse et turbulente. Ils ne sont point originaires de Ceylan, et ils tiraient leur importance du gouvernement hollandais, qui leur avait concédé de grands priviléges. Leurs terres étaient exemptes d'impôts, et leurs procès jugés par leur propre chef, qui était appelé le capitaine *cannelle*.

Les hautes castes sont extrêmement jalouses de leurs prérogatives, et punissent sévèrement ceux des castes inférieures qui osent les usurper. Un homme qui, sans en avoir le droit, avait couvert sa maison en tuiles, la vit renverser de fond en comble par ordre supérieur. Un malheureux tailleur, que la vanité avait porté à se marier en habit écarlate, faillit être tué à la porte de l'église. Les priviléges s'étendent jusque sur les vêtements des femmes. Il en est un grand nombre auxquelles il est interdit de porter des jupons qui passent les genoux. La vanité étant le trait dominant du caractère des Chingalais, ils s'efforcent continuellement de se vêtir d'une manière qui est au-dessus de leur état, et il en résulte une infinité de querelles.

Les Chingalais forment une nation plus belle que celle des naturels du Bengale. Ils sont bien faits; leur costume ne manque pas d'élégance.

Ceux des classes inférieures sont nus jusqu'à la ceinture ; mais ils s'entourent les reins d'une pièce d'étoffe fort large, qui leur tombe jusqu'au-dessous des genoux. Cette toile est ordinairement ou peinte et de belle qualité, ou blanche avec une bordure. Quelquefois ils jettent sur leurs épaules une autre pièce de même sorte. Un mouchoir tourné autour de la tête leur sert de coiffure. Les femmes ceignent leurs reins comme les hommes. Celles à qui cela est permis portent une chemise ou camisole blanche qui tombe sur les hanches. Toutes ont une physionomie agréable ; leur peau est presque noire ; leurs cheveux, dont elles tirent vanité, sont noirs, longs et doux au toucher.

L'indolence paraît être naturelle aux Chingalais ; cependant, par suite des changements opérés dans leur pays, force leur est bien de devenir industrieux. Une grande partie de Ceylan ayant été longtemps sous la domination des Portugais et des Hollandais, nombre considérable d'insulaires se sont conformés, du moins extérieurement, à la croyance religieuse de leurs maîtres. Les Portugais ont renversé les temples de Bouddha, dans tous leurs établissements de cette île. Ayant mis à la place de l'ancienne religion du pays un culte qui, par sa pompe et sa splendeur, est propre à captiver l'imagination, ils ont fait un grand nombre de prosélytes. Les Hollandais, quoique prenant la chose moins chaleureusement, exigèrent, pour l'admission aux emplois publics, une profession de foi de la religion réformée. On compte de cette manière un assez grand nombre de catholiques et de protestants dans l'île. Toutefois il en est beaucoup parmi les uns et les autres qui ne sont chrétiens que de nom, et qui conservent du respect pour les rites du paganisme et la doctrine de Bouddha.

Les Malabars qui habitent les établissements anglais de la partie septentrionale de Ceylan forment aussi plusieurs castes; mais elles ne se rapportent pas à celles des Chingalais. Un grand nombre d'entre eux sont chrétiens de nom. Il y a deux castes de Musulmans qui sont très-nombreuses. La première est celle des *lebbies* ou des marchands africains que les Hollandais taxaient comme étrangers; ils sont actifs et industrieux. La seconde classe des Musulmans est celle des Malais qu'on peut diviser en princes, en militaires et en brigands, quoique cette dernière dénomination pourrait, sans injustice, leur être appliquée à tous. Les princes sont des souverains déposés, soit de Java, soit des îles adjacentes, soit de la presqu'île de Malacca, qui ont été exilés à Ceylan. Les militaires sont à la solde des Anglais et sont très-bons soldats. Quoique excessivement sensibles à l'honneur, ils se soumettent sans murmure aux punitions infligées en vertu des règlements. On peut les opposer aux naturels du pays avec lesquels ils ne contractent aucune liaison. D'un autre côté, leur nombre n'est point assez considérable pour qu'ils soient dangereux.

Le gouverneur de l'île de Ceylan se fit un plaisir de conduire M. Wilson et son fils dans tous les lieux qui méritaient d'être vus. Il n'eut garde de ne pas leur montrer le jardin de Mahrandahn, situé près de Colombo, qui a quinze milles de circonférence, et où l'on cultive le cannellier, cette importante production du pays. Il serait très-utile de faire des défrichements dans une grande partie de l'île; mais ce ne doit être qu'avec beaucoup de circonspection; l'expérience ayant appris que si les montagnes étaient dépouillées des bois dont elles sont revêtues, elles ne pomperaient plus autant l'eau des nuages, et la stérilité pourrait en résulter. Mais il faudrait débarrasser d'un sous-bois épais les vallées et surtout les bords des rivières.

C'est probablement sous les branches des arbrisseaux qui forment ce sous-bois et qui prolongent leurs racines de toutes parts, que s'engendre la fièvre fatale des marécages; aucun souffle d'air ne peut y pénétrer, et les exhalaisons d'une terre noire et végétale, jointes à des émanations putrides de toutes les espèces, doivent empoisonner l'air et l'eau. Les bords des rivières de l'île de France n'ont pas été plutôt dégagés des broussailles qui les recouvraient, que l'eau est devenue saine.

La société est assez nombreuse à Colombo pour que les Européens puissent y trouver de l'agrément. Il n'y a aucune somptuosité dans le service de table ; mais tout y est propre et assaisonné par un accueil hospitalier. La plus grande dépense que l'on y fasse consiste dans l'achat du poisson. Les heures du repas sont fixées de telle sorte, que l'on est toujours retiré à neuf heures du soir, et qu'on peut aller respirer en repos la brise rafraîchissante qui vient de la mer.

Les maisons en général sont spacieuses et aérées, et des virandahs règnent sur toute la longueur des façades. Elles n'ont qu'un étage, et leur construction n'a rien d'élégant. Le climat des côtes de la partie méridionale de Ceylan est fort sain. La fièvre des *djengles*, ce fléau du pays, dont les symptômes ressemblent beaucoup à ceux de la fièvre jaune, a toujours été gagnée dans l'intérieur des terres, mais on ne sait pas positivement en quel lieu. On suppose qu'il est extrêmement dangereux de s'exposer au serein ou à l'humidité de la nuit. C'est l'été que cette fièvre fait le plus de ravages. Le calomel [1] est le remède dont on use principalement. Il dompte le mal; mais, en général, il fait perdre au malade la force nécessaire pour qu'il puisse se rétablir. On prétend, à Ceylan, que l'estomac ne supporterait pas le quinquina; cependant il a été employé avec succès contre la fièvre des djengles. La lèpre, cette dégoûtante maladie, n'est pas rare dans l'île. On y a établi une léproserie dans ces derniers temps. Les autres maladies qui y sont le plus fréquentes, sont le *berry-berry,* sorte d'hydropisie qui emporte le malade en peu de jours, et l'éléphantiasis, lèpre d'une espèce particulière, qui rend la peau dure, épaisse, écailleuse, inégale et ridée comme celle d'un éléphant.

M. Wilson, après avoir visité les divers établissements de Colombo, ordonna les préparatifs du départ. Il prit congé du gouverneur, qui lui donna une escorte de Cipayes, et l'on regagna les bords de la mer avec les mêmes moyens de transport que pour aller à Colombo, c'est-à-dire à l'aide de palanquins et de porteurs. D'après des ordres transmis par le gouverneur, nos voyageurs trouvèrent un bâtiment prêt à les recevoir, et qui devait les porter jusqu'à la ville de Madras. Ils congédièrent leur escorte, et s'embarquèrent avec leur suite.

[1] Mélange de mercure et de soufre.

CHAPITRE XX.

Madras. — Visite au nabab du Carnate. — Situation présente de la plupart des princes indiens. — Mazulipatnam. — Hydrabad et Golconde. — Pagode de Jagernat. — Le Paria. — Conclusion.

A leur arrivée à Madras, M. Wilson et Francis s'empressèrent de faire remettre au gouverneur de cette ville des lettres que celui de Ceylan leur avait données. Ces lettres avaient pour principal objet de leur ménager tous les avantages que recherchent ordinairement les voyageurs. Aussi les nôtres, qui d'ailleurs étaient en relation avec un grand nombre des plus riches négociants, eurent-ils lieu de se féliciter de leur séjour dans cette grande cité.

Madras diffère infiniment de Calcutta. Ce n'est pas une ville à l'européenne, et il n'y a guère de maisons que celles qui servent de magasins dans le fort. Les gens riches ont des habitations dans de vastes jardins, où les arbres sont tellement rapprochés les uns des autres, que rarement ils laissent apercevoir les maisons voisines. La plaine de Chauderic, qui fut le théâtre des dévastations de Tippoo-Saheb, alors qu'à la tête d'un corps de cavalerie ce prince descendit des Gattes et porta la terreur jusqu'aux portes du fort Saint-George, est à présent couverte de ces habitations paisibles, et une végétation vigoureuse se fait admirer sur un sol qui n'était auparavant qu'une stérile arène. Cependant il faut observer comme inconvénient, que la grande étendue de terrain qu'occupe chaque jardin force quelquefois à parcourir un espace de trois milles pour faire une visite.

L'hôtel du gouvernement, étant situé sur le bord de l'esplanade, se trouve aussi dans la plaine; on y jouit cependant de la vue de la mer et de celle du fort Saint-George. L'hôtel est vaste et bien distribué. Les planchers, les murs, les colonnes sont revêtus de stuc de différentes couleurs, et dont le poli est presque égal à celui du marbre.

Les routes contribuent à l'embellissement de Madras; elles sont larges et bordées de chaque côté d'un double rang d'arbres superbes. Quant au fort, il est bien construit, de bonne défense; sans lui, Madras serait exposé aux insultes de toute petite escadre qui pourrait échapper à la vigilance des croisières.

Néanmoins il serait difficile de trouver pour une capitale une situation plus mal choisie que celle de Madras, qui est placée sur la pointe la plus saillante d'une côte, contre laquelle un ressac furieux brise dans le plus beau temps. La société de Madras est nécessairement moins nombreuse que celle de Calcutta ; mais elle est tout aussi bien composée. La manière de vivre est à peu près la même dans les deux villes; excepté qu'à Madras les tables ne s'affaissent pas sous le poids d'une si grande quantité de viandes, et que le poisson y est meilleur.

Peu après leur arrivée, M. Wilson fut invité par le gouverneur à venir rendre visite au nabab du Carnate. Ils partirent dans un carrosse escorté par un beau détachement de cavalerie. Lorsqu'ils eurent passé la porte des jardins du palais de Chepauk, ils trouvèrent la garde du nabab, qui présenta les armes, et l'on fit une salve de dix-neuf coups de canon en l'honneur du gouverneur. Ils passèrent devant plusieurs bâtiments qui n'avaient rien de remarquable. Le nabab les attendait au haut de l'escalier qui conduisait à son dorbar ou salle d'audience. Quand il y eut introduit ses hôtes, après les félicitations et les embrassements d'usage dans ce pays, chacun prit place sur des siéges préparés à cet effet. Plusieurs Maures très-richement vêtus se tenaient debout derrière le nabab. Une personne de la suite du gouverneur servait d'interprète. La conversation roula sur l'Europe, sur l'Angleterre, sur la santé des divers membres de la famille royale de cet empire. Le nabab annonça aux voyageurs qu'il avait coutume de donner des habits à ses hôtes, et qu'il espérait qu'on lui ferait l'honneur de les accepter. Ceux-ci s'inclinèrent en signe de consentement, et aussitôt les présents furent envoyés à la maison qu'ils habitaient. On distribua ensuite des guirlandes de fleurs, ainsi que le paun et l'attar[1]; toute la salle fut inondée d'eau de rose. M. Wilson et son fils, avant de se retirer, demandèrent à voir l'intérieur du palais. La pièce qui servait de dorbar était très-vaste, et divisée en plusieurs parties par des colonnes; mais les murs n'en étaient que blanchis. Le trône, qu'on nomme musmud, et tout le reste de l'ameublement étaient d'une grande richesse. L'un des côtés de la salle était orné du portrait du prince de Galles (régent), et depuis roi d'Angleterre. Du reste, l'édifice dont cette salle faisait partie n'était point achevé; il devait y avoir deux étages. Terminée comme elle devrait l'être, cette salle d'audience

---

[1] Le paun est la noix d'arec enveloppée dans une feuille de bétel. L'attar est un parfum.

serait sans contredit une des plus belles de l'Inde.

Le nabab du Carnate, qui n'est plus qu'un fantôme de souverain, du moins sous le rapport de l'autorité, était vêtu fort simplement. Cependant il portait une ceinture enrichie de diamants, et dans laquelle était passé un poignard élégamment orné de rubis et de brillants. En rentrant chez eux, nos voyageurs y trouvèrent les présents du prince, qui consistaient en un habillement complet d'étoffe d'or, en schalls et une pièce de kinkaup.

Le lendemain même, le nabab vint rendre sa visite à l'hôtel du gouvernement. M. Wilson et Francis s'y trouvaient. Le prince indien vint dans un carrosse anglais tiré par quatre chevaux et escorté par sa garde. Ce n'était qu'une visite sans cérémonie; et c'était plutôt par ignorance des usages européens qu'il en agissait ainsi, que dans le dessein d'offenser des étrangers. Les aides de camp et le secrétaire du gouverneur reçurent le nabab à l'entrée du péristyle. Le gouverneur et les autres personnages l'attendaient au haut de l'escalier, où les embrassements eurent lieu; puis on conduisit le prince vers un siége. La conversation fut insignifiante; le nabab ne parla que de la famille royale anglaise; après quoi il se retira. Il aimait beaucoup à venir voir ainsi le gouverneur de Madras, et à vivre, autant qu'il lui était possible, dans la société des Européens. Il ne paraissait nullement affecté de sa manière toute négative de régner; il avait au contraire l'air d'être fort satisfait de dominer dans son palais, et de toucher des revenus plus considérables que ceux qui entraient dans les coffres de ses prédécesseurs.

Ce nabab était une créature du gouvernement anglais. Son cousin, souverain légitime du Carnate, ayant refusé de faire la cession formelle de ses États à la Compagnie des Indes-Orientales, avait été déposé, sous le prétexte d'une prétendue correspondance criminelle entretenue par son père avec Tippoo-Saheb; on soupçonna même que ce prince avait péri d'une mort violente. Quoi qu'il en soit, il est facile de concevoir que le nabab dont il vient d'être question fût dévoué à l'Angleterre qui l'avait élevé sur le trône, sans lui laisser les soins et les embarras du gouvernement.

M. Wilson visita aussi, dans les environs de Madras, une rannée ou reine, qui avait été aussi dépossédée de son ancienne puissance, et qui vivait dans une sorte d'exil. Le palais de cette princesse était d'une architecture extrêmement simple. Mais les murs, à l'intérieur, présentaient, en sculpture, les images d'un grand nombre de divinités. Après avoir fait plusieurs détours, nos visiteurs entrèrent dans une petite cour au milieu de laquelle s'élevait une salle en pierre de taille avec des piliers et des escaliers de même matière. Il y avait un trône sur un tapis, et des siéges placés sur une toile blanche.

La rannée les reçut au haut des degrés, et leur présenta son fils adoptif, qui était un très-bel enfant, âgé d'environ sept ans. Après les premiers compliments, on prit des siéges, et la personne, chargée des fonctions d'interprète, se mit à son poste. La princesse était vêtue avec une extrême simplicité parce qu'il n'y avait pas encore un an qu'elle avait perdu son époux, et que la loi du pays ne permet pas de porter de bijoux pendant le temps que dure le deuil. Une pièce de mousseline blanche qui s'attachait au-dessus des hanches, lui tombait jusqu'aux pieds. Une autre pièce de mousseline, fort large et brodée en or, était drapée sur son corps ; le bout de cette draperie revenait sur le devant, et la princesse s'en servait fréquemment pour se couvrir la bouche et le menton. Elle avait la tête découverte, et ses cheveux, qui étaient longs, commençaient à blanchir. Elle portait des anneaux d'or trèslarges et très-lourds qui touchaient à ses épaules, et lui allongeaient les oreilles d'une manière hideuse. Ses dents étaient noires par l'effet de l'usage du bétel. Elle était d'une taille assez haute et fort déliée.

Son frère était d'abord rannah, c'est-à-dire souverain ; mais il fallait toujours avoir recours à la force pour lui faire payer son tribut ; et pour s'en dispenser, il avait coutume d'enfouir son argent. Aussi le déposa-t-on, et il vécut prisonnier à Madras. Comme il n'avait point d'enfants, on traita avec sa sœur, qui consentit à tout ce que voulut la Compagnie pour le tiers du revenu net de sa souveraineté. De cette sorte elle est très-riche, et se trouve dispensée des soucis de l'administration. Son fils adoptif était couvert de bijoux. Il avait à ses bracelets des brillants d'une grande beauté, qui, disait-on, avaient été pris dans le butin fait à Seringapatnam. Il portait aussi un fil en grosses perles, et une chaîne d'émeraudes et de rubis d'un très-grand prix.

La rannée conversa avec effusion ; puis se levant, elle prit l'enfant par la main, et le mit entre les bras de M. Wilson, en le priant de lui accorder sa protection. Tel est l'état précaire de la plupart de tous ces princes et princesses dont les domaines ont passé sous l'autorité de l'Angleterre, qu'ils croient devoir se recommander à tous les Anglais de quelque importance qui viennent les visiter. Toutes ces puissances déchues, autrefois si brillantes, aujourd'hui purement nominales, sont là comme des monuments d'une grandeur passée, comme les vestiges de l'antique Palmyre dans les solitudes du désert.

Nos voyageurs ayant fait entendre qu'ils désiraient se retirer, la princesse leur présenta elle-même un certain nombre de beaux schalls, leur passa autour du cou une guirlande de fleurs jaunes et leur jeta de l'eau de rose sur les mains. Puis elle les reconduisit jusqu'à la porte, leur prit la main, et leur souhaita un heureux voyage.

A leur sortie de Madras, M. Wilson et Francis firent longer à leur cortége la côte de Coromandel. Ils arrivèrent ainsi dans la région des Circars du nord, pays rempli de manufactures d'étoffes de coton. La route qu'ils suivaient les conduisit à Mazulipatan ou Mazulipatam, ville très-commerçante auprès d'une embouchure du Kristna. On y fabrique des toiles peintes fort estimées, et des tissus de coton appelés *chites*. Nos voyageurs ne firent qu'y passer; puis, tournant à gauche, ils rentrèrent dans les terres, et se trouvèrent dans les États du nizam de Décan, qui séparent le pays des Marattes des possessions anglaises, et dans lesquels on rencontre des peuplades nomades et presque sauvages. M. Wilson jugea à propos de laisser de côté la ville forte d'Hydrabad, quoiqu'elle soit la résidence du soubab ou souverain, et qu'elle possède de superbes édifices; il donna la préférence aux fameuses mines de diamant que recèlent les environs de Golconde, autrefois capitale d'un royaume, et dont les murs sont flanqués de quatre-vingts tours.

Puis, traversant la province d'Orixa, dépendante de la présidence du Bengale, ils poussèrent vers l'embouchure du Gange, ne voulant pas rentrer à Calcutta avant d'avoir visité la célèbre pagode de Jagernat.

Ils rencontrèrent sur le chemin une grande quantité de pèlerins hindous, qui leur offrirent un spectacle à peu près semblable à celui qu'ils avaient vu à Bénarès. Bientôt apparut à leurs regards la fameuse pagode bâtie sur le bord de la mer qu'elle semble dominer avec ses grands murs rouges et ses galeries, ses dômes et ses tourelles de marbre blanc. Ce temple indien s'élève au centre de neuf avenues d'arbres toujours verts, qui semblent être la direction d'autant de royaumes; chacune de ces avenues est formée d'une espèce d'arbres différents, de palmiers arecs, de tecques, de cocotiers, de manguiers, de lataniers, d'arbres de camphre, de bambous, de badamiers, d'arbres de sandal; elles se dirigent vers Ceylan, Golconde, l'Arabie, la Perse, le Thibet, la Chine, le royaume d'Ava, celui de Siam, et les îles de la mer des Indes.

Nos voyageurs arrivèrent à la pagode par l'avenue de bambous qui côtoie le Gange et les îles enchantées qu'il forme avant de se jeter dans la mer. Cette pagode, quoique bâtie dans une plaine, est si élevée, qu'on l'aperçoit bien longtemps avant d'y arriver. Il y a de quoi être véritablement frappé d'admiration quand on considère de près sa magnificence et sa grandeur. Ses portes de bronze étincelaient des rayons du soleil couchant, et les aigles planaient autour de son faîte dans les nues. Elle est entourée de grands bassins de marbre blanc qui réfléchissent au fond de leurs eaux transparentes ses dômes, ses galeries et ses portes. Tout autour règnent de vastes cours et des jardins environnés de grands bâtiments où logent les brahmes, desservants habituels de la pagode.

Au moment où nos curieux approchaient de la porte du temple, on allait commencer dans l'intérieur une cérémonie religieuse. Une troupe de jeunes bayadères sortit d'un des jardins, et se dirigea vers la pagode en chantant et en dansant au son du tambour de basque. Elles avaient pour colliers des cordons de fleurs de mongris, et pour ceintures des guirlandes de fleurs de frangipaniers. On apercevait au fond du temple, à la clarté de plusieurs lampes d'or et d'argent, la statue de Jagrenat, la septième incarnation de Brahma, en forme de pyramide, sans pieds et sans mains, qu'il avait perdus en voulant porter le monde pour le sauver. A ses pieds étaient prosternés, la face contre terre, des pénitents dont les uns promettaient à haute voix de se faire accrocher, le jour de la fête du dieu, à son char par les épaules, et les autres de se faire écraser dessous les roues. Le spectacle de ces fanatiques, qui poussaient de profonds gémissements en prononçant leurs horribles vœux, était fait pour inspirer une sorte de terreur.

Mais bientôt l'attention des voyageurs fut distraite par une scène d'un autre genre qui se passait à quelque distance de la pagode. Des brahmes et des faquirs poursuivaient avec acharnement un pauvre homme chargé d'un fagot de bois; ils le menaçaient de leurs bâtons, lui lançaient des pierres, et lui adressaient les imprécations les plus terribles. Heureusement que le pauvre homme avait de bonnes jambes et un peu d'avance; il eut bientôt échappé à travers les feuillages aux menaces de ses ennemis et à tous les regards.

Surpris de la fureur des brahmes contre un être qui lui paraissait bien inoffensif, Francis demanda à l'un des assistants ce qu'avait fait cet homme pour être poursuivi de la sorte. « Ce qu'il a fait? lui répondirent plusieurs voix d'un ton effrayé; c'est un paria. — Mais qu'est-ce qu'un paria ? — C'est, lui répliqua-t-on, un homme qui n'a ni foi ni loi. — C'est, reprit un

Hindou, dont l'œil hagard lançait une flamme sinistre, c'est un Indien de caste si infâme, qu'il est permis de le tuer si on en est seulement touché; si nous avons le malheur de mettre le pied dans la maison d'un paria, nous ne pouvons, de neuf lunes, entrer dans aucune pagode, et, pour nous purifier, il nous faut nous baigner neuf fois dans le Gange, et nous faire laver autant de fois de la tête aux pieds d'urine de vache par la main d'un brahme. »

Francis, qui avait déjà été témoin de tant de folies depuis qu'il parcourait l'Hindoustan, fut plus indigné que surpris de cette criante iniquité. Mais son père fit diversion à ses sentiments en l'entraînant vers une des portes du bâtiment affecté au logement des brahmes. On lui avait promis de lui laisser visiter l'intérieur, pourvu qu'il consentît à se soumettre à certaines formalités indispensables.

Avant d'entrer dans cette maison des brahmes, nos voyageurs furent obligés d'ôter leurs vêtements de laine, leurs chaussures de peau de chèvre, et leur chapeau de castor; la loi étant que, pour entrer dans un lieu consacré, on ne doit avoir sur soi rien qui soit de la dépouille d'aucun animal. Ils se revêtirent donc d'une toile de coton couleur de sandal, et dans cet équipage, ils furent introduits dans un vaste salon soutenu par des colonnes de bois de sandal. Les murs de cette pièce étaient verts, étant corroyés de stuc mêlé de bouse de vache, si brillant et si poli qu'on pouvait s'y mirer. Le plancher était couvert de nattes très-fines, de six pieds de long sur autant de large. Au fond du salon était une estrade entourée d'une balustrade de bois d'ébène; c'était là que siégeait le grand-prêtre de la pagode. Francis voulut voir de près le travail de cette estrade; mais l'introducteur le retint à une grande distance, en lui disant que les omrahs ou grands seigneurs s'approchaient à peine davantage de ce lieu saint; que les rajahs ou souverains de l'Inde ne s'avançaient qu'à six nattes, les princes, fils du Mogol, à trois, et qu'on n'accordait qu'au Mogol le droit d'aller plus loin.

Lorsqu'on leur eut fait voir tout ce qu'il était permis de montrer à des profanes d'une certaine considération, M. Wilson et Francis se rhabillèrent à la porte où ils avaient laissé leurs vêtements, et se disposèrent à prendre la route de Calcutta. Mais le ciel était chargé de nuages; un orage était imminent. Ils demandèrent à quelques brahmes la permission de se réfugier chez eux pour y passer la nuit avec tout leur monde; cette faveur leur fut refusée, à cause de la sévérité des lois de Brahma. Mais on leur indiqua un caravansérail très-fréquenté, situé à quelques milles de distance de la pagode.

Force leur fut donc d'aller chercher cet asile. Mais l'ouragan ne leur laissa pas le temps d'y arriver. Il éclata furieux. Le vent venait de la mer, et, faisant refluer les eaux du Gange, les brisait en écume contre son embouchure. Il enlevait de leur rivage des colonnes de sable, et de leurs forêts des nuées de feuilles, qu'il emportait pêle-mêle à travers le fleuve et les campagnes, jusqu'au haut des airs. Quelquefois il s'engouffrait dans les bambous, et quoique ces roseaux indiens fussent aussi élevés que les plus grands arbres, il les agitait comme les humbles fleurs des champs. Quoique le soleil ne fût pas encore à l'heure de son coucher, le jour avait disparu, voilé par d'épaisses nuées noirâtres. On n'avait d'autre clarté que celle des éclairs qui, par intervalles, fendaient les nues et blanchissaient l'horizon. Déjà la pluie, tombant à verse, formait autour de nos voyageurs mille torrents; déjà le tonnerre faisait retentir ses lugubres roulements; il était urgent que l'on trouvât un refuge contre cette horrible tourmente. Enfin un vallon se présenta, où des lianes entrelacées et formant un épais rempart de feuillages autour de vieux arbres au tronc monstrueux, semblaient offrir une foule de cavernes de verdure. Les voyageurs, mouillés jusqu'aux os, s'y précipitèrent avec toute leur suite, heureux de pouvoir se mettre à l'abri. Mais ils furent bien plus heureux encore, quand, à travers les arbres, ils aperçurent dans le lieu le plus étroit du vallon une lumière qui paraissait sortir d'une cabane.

Aussitôt Francis courut frapper à la porte de cette chétive habitation, demandant l'hospitalité, au nom du Ciel, pour plusieurs voyageurs égarés. A peine eut-il proféré ces paroles, qu'un homme d'une physionomie fort douce vint lui ouvrir la porte, et s'éloigna aussitôt de lui, en lui disant : « Seigneur, je ne suis qu'un pauvre paria, qui ne suis pas digne de vous recevoir, mais si vous jugez à propos de vous mettre à l'abri chez moi, vous me ferez beaucoup d'honneur. »

Francis reconnut à l'instant même le pauvre homme qui avait été, devant lui, l'objet de l'animadversion des prêtres de la pagode. Touché de son offre hospitalière, il lui adressa quelques paroles de gratitude, et lui dit qu'il s'estimait heureux de trouver sous le toit d'un paria un asile que les brahmes lui avaient refusé dans leurs maisons si belles, si vastes, si commodes. Le paria, voyant que ses hôtes étaient des Européens, et n'ayant plus aucun scrupule, s'empressa de faire de son mieux les honneurs de son réduit, offrit, aux voyageurs fatigués et trempés, des aliments pour se sustenter, un bon feu pour se sécher, et des nattes pour se reposer.

Le lendemain, dès le point du jour, M. Wilson et Francis prirent congé du pauvre paria, en lui laissant des preuves de leur libéralité qu'il fallut le forcer d'accepter.

A son retour à Calcutta, des lettres, nouvellement arrivées de Londres, apprirent à M. Wilson qu'un de ses oncles, dont il était l'unique héritier, venait de mourir dans une vieillesse très-avancée. On lui disait aussi qu'il était presque indispensable qu'il fit le voyage d'Angleterre pour venir régler lui-même ses intérêts que d'autres prétendants pouvaient facilement léser pendant son absence. M. Wilson, stimulé plutôt par le désir secret de revoir sa patrie que par l'avidité de richesses que sa fortune immense lui permettait de dédaigner, se décida sur-le-champ à suivre l'avis qu'on lui donnait. Francis désirait vivement connaître l'Europe; l'occasion était belle; il opina fortement pour que son père en profitât, ou plutôt il le supplia de le conduire à Londres. La décision fut prise aussitôt; son père ne prit que quelques jours pour mettre ordre à ses affaires et investir un de ses amis du soin de surveiller ses propriétés. La semaine n'était pas achevée, qu'ils voguaient à pleines voiles vers les îles Britanniques.

Le bâtiment marchand qui les portait avait diverses commissions pour l'île de Madagascar. Après une navigation très-paisible, on prit terre dans cette île, qui est séparée du continent d'Afrique par le canal de Mozambique. M. Wilson profita de cette station de plusieurs jours pour instruire Francis de ce qui pouvait le plus l'intéresser dans cette contrée encore barbare.

L'île de Madagascar a environ trois cent quatre-vingts lieues de longueur sur quatre-vingt-dix de large. Les côtes, ayant été longtemps couvertes de marais et d'épaisses forêts, sont en général malsaines. En y arrivant, on ne trouve d'abord que des sables arides; mais bientôt la nature déploie tout son luxe aux regards des voyageurs, et l'on voit croître partout l'indigo, le coton, le chanvre, et plusieurs plantes légumineuses, inconnues dans nos climats. Les palmiers y abondent, ainsi que les orangers et plusieurs arbres à résine. A proprement parler, on n'y cultive que le riz. On arrache les joncs des marais, on jette le grain à la place qu'ils occupaient; les pieds des animaux font pénétrer cette semence dans la terre, et l'on attend la végétation. La fertilité du sol ainsi que l'abondance des eaux suppléent aux travaux de l'homme.

Des prairies naturelles offrent en tout temps une abondante pâture à de nombreux troupeaux de bœufs et de moutons. Mais on n'y voit ni chevaux, ni chameaux, ni d'autres bêtes de somme. Non loin de la baie d'Antougil, il existe des mines de cuivre, ce qui aura probablement donné lieu de croire, sans autre fondement, que l'île possédait des mines d'or et d'argent. Dans l'intérieur des terres, on trouve aussi des mines de fer très-pur.

L'origine des habitants de Madagascar est enveloppée, comme celle d'une foule d'autres peuples, de fables plus ou moins absurdes. D'après leurs formes diverses, il paraîtrait qu'ils ont des origines différentes. Les uns ont la couleur et les traits de la race africaine; d'autres semblent appartenir à la famille arabe; d'autres rappellent la race malaise; tous portent le nom de Madécasses. Cela provient sans doute de la formation successive des îles. Dans des temps antérieurs à l'époque des voyages maritimes, ces îles ont dû former une péninsule attenant à quelque continent, et il est probable qu'elles ont été séparées par quelque tremblement de terre. Cette révolution du globe aura sans doute renfermé, pour ainsi dire, dans chaque île, une race différente d'hommes, dont la taille, la couleur et même le langage avaient des caractères particuliers.

A l'ouest de l'île, on voit le pays des Esquimaux, dont les habitants ont à peine quatre pieds de haut, et atteignent rarement une taille plus élevée. On y compte environ quinze mille âmes. Ils étaient plus nombreux avant une guerre désastreuse qui les força de chercher un refuge dans une vallée fertile environnée de rochers, où ils vivent sans communications avec les autres peuples. Lorsque ceux-ci veulent leur faire la guerre, les habitants de la vallée laissent monter sur les rochers une partie de leurs troupeaux sur lesquels leurs ennemis s'abattent comme le vautour sur une proie; puis ils se retirent. Il serait heureux qu'on pût terminer ainsi toutes les guerres.

L'île de Madagascar est divisée en plusieurs peuplades gouvernées par des chefs électifs ou héréditaires. Il y a dans chaque peuplade un conseil qui donne son consentement au chef pour entreprendre la guerre s'il y a lieu. C'est ordinairement le vol des bestiaux, et même celui des femmes et des enfants, qui fait éclater la guerre parmi ces peuples. On ne s'y fait pas la moindre idée du droit de propriété, d'où naissent l'amour du travail, la soumission au gouvernement, et le désir de défendre ses foyers. Aussi ces peuples tiennent-ils peu au lieu de leur naissance ; il ne leur en coûte pas de changer de place et de transplanter leur existence ; ils sont sûrs de trouver toujours des terres fertiles à leur convenance. Ces terres sont exploitées en commun, et l'on en partage les récoltes.

Ce furent des Français qui visitèrent les premiers ces peuples au seizième siècle. Alors les Madécasses n'avaient aucun culte. Ils croyaient à l'apparition des morts. Aussi avait-on pour les trépassés un respect qui allait jusqu'au fanatisme. Les vivants allaient arroser de larmes la tombe de leurs parents, et leur demandaient conseil dans les conjonctures difficiles. Ils avaient des jours réputés malheureux, et ils tuaient impitoyablement les enfants qui venaient au monde ces jours-là, ce qui empêchait l'accroissement de la population. N'étant, du reste, retenus par aucun frein religieux, il n'est point étonnant que les mœurs de ces insulaires fussent totalement dépravées. Les Français, sous le règne du grand roi Louis XIV, voulurent former des établissements de commerce à Madagascar ; mais ce projet échoua par la faute des agents de la Compagnie française des Indes, qui détournèrent une grande partie des fonds, firent de folles dépenses, et se rendirent odieux aux Européens ainsi qu'aux indigènes.

M. Wilson donnait à son fils ces utiles renseignements, en même temps qu'il lui faisait apprécier par lui-même les habitudes et les mœurs des insulaires qui habitaient la côte qu'ils avaient abordée.

Le capitaine du bâtiment ayant terminé ses affaires à Madagascar, on leva l'ancre, et l'on se dirigea vers le cap de Bonne-Espérance, où l'on devait relâcher également pour faire provision de marchandises et de denrées d'une vente très-avantageuse sur les marchés de l'Europe. Le cap de Bonne-Espérance se trouve à l'extrémité méridionale de l'Afrique. Seize lieues au delà de cette montagne, on trouve une péninsule formée au nord par la baie de la Table, et au sud par la baie Fausse, distantes l'une de l'autre de trois mille toises. C'est dans la première qu'arrivent les bâtiments, depuis le 20 septembre jusqu'au 20 mai; passé cette portion de l'année, la rade est dangereuse et pour ainsi dire inabordable. Le ciel du Cap serait fort agréable sans la continuité et la violence des vents; mais on est dédommagé de ce désagrément par la douceur de la température. On y respire un air salutaire qui rend souvent la santé aux malades qui arrivent d'Europe ou de l'Inde.

Ce pays est habité par les Hottentots qui y vivent en peuplades. Ces sauvages ont pour habitation de misérables cabanes couvertes de peaux d'animaux, et qui leur servent d'abris dans la saison des pluies. Le reste du temps, ils passent leur vie, couchés devant la porte de leur chaumière, s'occupant aussi peu du passé que de l'avenir, et se livrant tour à tour au plaisir de fumer et de s'enivrer. L'unique occupation de ces peuples sauvages est la garde des troupeaux, qu'ils sont obligés de défendre contre les tigres, les léopards et d'autres bêtes féroces qui rôdent souvent autour des lieux habités. Ces peuples pasteurs sont hospitaliers ; mais ils sont d'une malpropreté repoussante. Leur langage est une sorte de sifflement qui ressemble à celui de certains oiseaux.

M. Wilson raconta à Francis l'histoire de la colonie que les Hollandais ont fondée au cap de Bonne-Espérance. Ces républicains-négociants avaient depuis longtemps reconnu qu'il leur manquait un point où leurs vaisseaux pussent se ravitailler pendant le trajet de l'Europe aux Indes. Ils hésitaient à faire choix du Cap, lorsque le chirurgien Van Niebek le leur proposa vers l'année 1650. Il fit entrevoir à ses compatriotes l'utilité de former une colonie dans cette extrémité de l'Afrique, colonie qui pourrait servir d'échelle au commerce de l'Europe avec l'Asie. On arrêta les bases de la colonisation ainsi qu'il suit : on donnait une portion de terrain à ceux qui voudraient aller se fixer dans ces parages, et on leur faisait l'avance des grains, des ustensiles et instruments de travail. Les maisons de charité fournirent les femmes pour peupler ce nouveau pays, et on accorda à ceux qui éprouveraient de la difficulté à s'acclimater dans ce pays, des facilités pour retourner en Europe.

Le Hollandais Van Niebek, d'après les idées alors reçues, commença par s'emparer du territoire qu'il crut le plus convenable pour la colonisation. Cette conduite choqua les paisibles habitants de cette contrée ; ils députèrent quelques-uns des leurs pour présenter leurs remontrances aux Hollandais. « Pourquoi avez-vous semé dans nos terres ? disaient-ils ; pourquoi y nourrissez-vous tous vos bestiaux ? Que diriez-vous, si l'on allait usurper vos champs ? N'élevez-vous des fortifications que pour mieux nous réduire en esclavage? » Ces messages n'ayant amené aucun arrangement raisonnable, on en vint aux mains ; mais les Hollandais n'en poursuivirent pas moins le cours de leurs envahissements. On dit que la Compagnie hollandaise dépensa plus de 46 millions de francs, dans l'espace de vingt ans, pour consolider sa domination dans la colonie.

Toutefois le terrain de cette colonie ne répond pas à sa renommée. A leur arrivée, les Hollandais ne trouvèrent que quelques arbustes, des terres à défricher, et une espèce d'oignon dont le goût a quelque rapport avec celui de la châtaigne. Quelques-uns l'ont nommé le pain des Hottentots. Les eaux sont moins abondantes dans l'intérieur que vers les côtes. Il en résulte que la population, qui s'élève tout au plus à soixante-dix mille âmes, occupe un espace de cent cinquante lieues de côtes, et cinquante lieues dans l'intérieur. La ville du Cap se compose de près de mille maisons bâties en briques et couvertes de joncs à cause des vents. Les Européens ont pratiqué des canaux dans le centre de la ville, à l'instar de ceux de la Hollande ; mais la pente des eaux est tellement rapide, que les écluses sont très-rapprochées les unes des autres. Dans un des faubourgs de la ville est le fameux jardin de la Compagnie, dont la longueur est de huit cents toises.

On cultive la vigne avec le plus grand succès dans les environs du Cap. La récolte, à l'abri de la gelée et de la grêle, est annuellement assurée. On croirait que, sous ce beau ciel, et avec la facilité de choisir le terrain, on devrait ne récolter que d'excellents vins ; mais il n'en est rien ; tous sont aigres et désagréables, à l'exception d'une seule espèce qui tire son origine de Madère. Le vin du Cap, si renommé en Europe sous le nom de Constance, s'y trouve en très-petite quantité, et on le mêle ordinairement avec du vin muscat. Le prix de ce vin ainsi composé est de 1200 francs la pièce.

Au cap de Bonne-Espérance, les récoltes sont abondantes, et l'on y vend les grains à des prix très-modérés. On cultive la terre jusqu'à une distance de quarante ou cinquante lieues des côtes. Ces campagnes nourrissent des troupeaux qui fournissent à la consommation de la ville et à l'exportation. Les naturels de l'île connaissent peu l'usage du pain; ils se nourrissent de viandes fraîches ou salées et de légumes. Les fruits d'Europe s'acclimatent facilement dans ce pays; il n'en est pas de même des productions de l'Asie : le sucre et le café n'ont jamais pu y réussir.

Dans les commencements de la colonisation, la Compagnie accorda à chaque colon une lieue carrée de terrain; mais bientôt ces concessions furent grevées d'impôts. Aussi les colons se plaignirent-ils du monopole exercé à leur préjudice, et des droits accordés à quelques personnes sur les denrées qui se vendent dans le pays. Les mœurs de ces colons sont fort simples, même dans la capitale; du moins il en était ainsi lorsque le pays était sous la domination des Hollandais; on n'y connaissait ni le jeu, ni le spectacle, ni le passe-temps des visites. Les hommes et les femmes passaient leur vie dans l'accomplissement des devoirs domestiques ; la vie d'un jour était celle de tous les jours de l'année, et l'on ne s'apercevait pas que cette uniformité nuisît au bonheur.

Sept cents hommes de troupes régulières formaient la garnison du Cap, où l'on comptait près de quinze mille Européens, Hollandais, Allemands et Français. On y compte de quarante à cinquante mille esclaves qui viennent de l'intérieur de l'Afrique ou de Madagascar ; ils vivent comme leurs maîtres, et partagent avec eux les travaux paisibles de l'agriculture. Les petites peuplades d'Africains qui étaient restées près des Hollandais, périrent presque entièrement dans une épidémie en 1713 ; il n'en échappa qu'un très-petit nombre, qui fut fort utile pour la garde des troupeaux.

Mais les tribus plus aisées, et qui étaient fixées dans les plus belles parties du territoire, se virent forcées de céder aux Hollandais les lieux qui les avaient vus naître. Outre leur goût décidé pour la vie indépendante, l'injustice dont ces hommes étaient victimes leur avait inspiré de l'horreur pour le travail. On raconte qu'un jeune enfant hottentot fut séparé de ses parents et élevé dans la religion des Hollandais ; au bout de quelque temps, et après avoir été employé dans l'Inde, étant retourné sous le toit paternel, il fut frappé tellement de la simplicité des mœurs de la cabane, qu'il endossa sur-le-champ une peau de brebis, et alla reporter au fort des Hollandais ses vêtements européens. Présenté au gouverneur, il lui dit : « Je viens renoncer au genre de vie que vous m'aviez fait adopter, mon intention étant de suivre les coutumes de mes ancêtres. Cependant je conserverai de vous autres, comme un souvenir affectueux, la cravate et l'épée que vous m'avez données; ne vous étonnez pas si je vous abandonne le reste. » Et sans attendre de réponse, il disparut.

Le rhinocéros et le zèbre se font voir souvent dans le voisinage du cap de Bonne-Espérance. Le rhinocéros n'attaque jamais les hommes, à moins qu'il ne soit blessé par eux, ou mis en fureur par la vue d'un habit rouge. Dans l'un ou l'autre de ces deux cas, il fond sur eux avec fureur ; et s'il parvient à en saisir un, il le jette par-dessus sa tête avec tant de violence, qu'il le tue. Il en fait sur-le-champ sa proie en le léchant avec sa langue rude, et pour ainsi dire couverte de piquants. On trouve encore dans le pays des Hottentots des chevaux sauvages, des giraffes, des éléphants, des lions, des léopards.

A l'est du Cap est établie une nation sauvage dont le pays se nomme la Cafrerie. Les habitants se distinguent par leur taille élevée ; ils sont sobres et d'un caractère doux et paisible. Ils ont les cheveux laineux et le teint très-noir, et s'enduisent le corps d'une graisse mêlée avec une composition ferrugineuse. La Cafrerie produit une espèce particulière de blé, appelé *blé des Cafres*, du maïs, de l'aloès, des melons. Les Cafres vivent en grande partie du lait de leurs troupeaux.

Aujourd'hui l'établissement important que les Hollandais avaient fondé au cap de Bonne-Espérance est au pouvoir des Anglais, qui n'ont rien négligé pour accroître sa prospérité. Ils y ont de grandes plantations où l'on récolte du bon vin, du froment, du tabac et des fruits excellents. De plus, s'étendent au nord de gras pâturages où l'on entretient des bestiaux pour l'approvisionnement des vaisseaux qui se rendent aux Indes. Maintenant la population totale de cette partie de l'Afrique est évaluée à cent trente mille habitants.

Cependant nos voyageurs, après avoir visité les établissements du Cap, où M. Wilson avait trouvé des compatriotes hospitaliers, s'étaient remis en mer ; ils n'étaient pas encore au terme de leur voyage. Il leur fallait franchir cette pointe de l'extrémité de l'Afrique où viennent se croiser les vents des deux mers : celle des Indes et de l'Atlantique ; et où s'élèvent quelquefois des bourrasques qui empêchent les navigateurs de doubler le cap.

Tout à coup, au milieu de la nuit, tandis que tous les passagers étaient plongés dans un profond sommeil, il se fit dans le navire un bruit formidable, comme une explosion d'artillerie. C'était une de ces lames furieuses qui viennent se briser contre la proue des vaisseaux, lorsqu'au milieu d'une bourrasque la proue ne peut pas tenir contre toutes les vagues. M. Wilson et Francis se levèrent aussitôt; mais il était presque impossible de prendre un point d'appui, à cause du roulis du navire, qui tantôt semblait s'élever jusqu'aux nues, et tantôt paraissait sur le point de se plonger dans des abîmes.

Peu après, on vit descendre dans la chambre du capitaine le pilote qui réclamait son assistance pour préserver le bâtiment d'un naufrage imminent. Le commandant, habitué aux tourmentes de la mer, dormait tranquillement. Le pilote le prit par la main, et lui dit : « Nous sommes perdus, capitaine ; nous allons nous briser sur la côte.— Que n'avez-vous jeté les ancres? s'écria le capitaine. — C'est déjà fait, dit le pilote ; mais nous chassons [1] beaucoup malgré cela. — Ce n'est pas possible ! » reprit le capitaine; et, d'un bond, il quitta la chambre et monta sur le pont. Au même instant un coup de mer pénétra dans la chambre où se trouvaient les passagers. On entendit alors les cris des matelots, le craquement des agrès, le sifflement des vents dans les voiles, enfin toutes les horreurs de la tempête la plus terrible, les mugissements des flots écumants, les lueurs sinistres et multipliées des éclairs, les éclats de la foudre.

Deux dangers également funestes menaçaient nos voyageurs; le premier était celui de se briser contre un vaisseau anglais qui naviguait dans les mêmes eaux; choc qui aurait pu faire couler à fond les deux bâtiments; le second provenait de la rapidité des courants qui les entraînaient constamment vers la côte, malgré les ancres qui ne pouvaient résister à la fureur des vents.

Bientôt l'ouragan sembla se déchaîner avec encore plus de violence ; en fondant sur le navire, il le fit pirouetter comme une plume sur un bassin d'eau. Dans un instant, la mer fut bouleversée de telle sorte, que sa surface n'offrait qu'une vaste nappe d'écume. Le vaisseau, n'obéissant plus au gouvernail, était comme un point ténébreux au

---

[1] Terme de marine ; ne pas tenir à l'ancre.

milieu de cette horrible blancheur; on eût dit que
le tourbillon l'enlevait et l'arrachait des flots; il
tournait en tous sens, plongeant tour à tour la
poupe et la proue dans les vagues. Tout le monde
était dans l'attente d'une mort prochaine et inévitable. Francis, malgré son intrépidité naturelle,
avait le cœur serré; il voulait faire bonne contenance; mais les larmes qui roulaient dans ses
yeux et l'abattement de ses traits attestaient son
désespoir. Ce n'était pas pour lui qu'il tremblait,
mais pour son père qu'il chérissait plus encore
depuis la perte de sa mère, et sur qui il avait re-
porté toute la tendresse que celle-ci avait su lui
inspirer. M. Wilson était à peu près dans la même
situation. Habitué de longue main aux périls de
la mer, il était parfaitement maître de lui-même
au milieu du choc de tous les éléments. Mais son
silence morne et triste décelait les vives angoisses
de son âme. Son jeune fils, l'objet unique de toutes
ses affections, était en ce moment le sujet de toutes
ses craintes. Il craignait peu les suites du naufrage pour lui-même : sa carrière n'était-elle pas
presque terminée? mais son fils pour ainsi dire à
son débnt dans la vie! Cette pensée déchirante
l'absorbait tout entier. Mus par le même sentiment, le père et le fils, sans proférer une seule
parole, tombaient dans les bras l'un de l'autre et
se tenaient étroitement embrassés, tandis que

d'autres scènes de désespoir plus bruyantes se passaient autour d'eux.

C'en était fait de toute l'embarcation, si la Providence ne fût venue à son secours. Par un de ces coups miraculeux qui se voient quelquefois en mer, la tempête tomba tout à coup, les vents s'apaisèrent. Cette circonstance doubla le courage de tous ceux qui travaillaient soit à la pompe, soit à la manœuvre. Le retour de la lumière rendit l'espérance à tout l'équipage. Tout le monde rendait grâces à Dieu de cette heureuse délivrance.

Mais, comme on n'était pas fort éloigné du Cap et que le bâtiment ne pouvait entreprendre une longue traversée, dans l'état d'avarie où il se trouvait; comme d'ailleurs on n'avait pu parvenir à doubler le cap, le capitaine donna l'ordre de virer de bord pour regagner la ville du Cap, où l'on pourrait faire radouber le bâtiment.

Cette opération terminée, M. Wilson et Francis remontèrent dans le navire; et cette fois ils doublèrent le cap sans accidents. Puis, à l'aide d'une navigation rapide et favorisée par le vent, ils ne furent pas longtemps exposés au caprice des mers, et vinrent, à leur grande joie, descendre dans un port de l'Angleterre.

FIN.

TABLE.

INTRODUCTION. — Détails sur la ville de Calcutta; ses habitants et quelques-uns de ses usages.   Page 1

CHAPITRE PREMIER. — Villes du Bengale. — Bénarès. — Bains d'Orient. — Trombe épouvantable. — Description de Bénarès. — Pénitences des fanatiques hindous. — Extravagances religieuses des Sunnyas. — Jongleurs indiens. — Tours d'adresse prodigieux. — Brahmine qui se soutient en l'air.   10

CHAP. II. — Condition des femmes dans l'Hindoustan. — Singulière et barbare législation. — Femmes hindoues brûlées sur le bûcher de leurs maris; atrocités. — Détails de mœurs; bonzes et brahmes; description d'un village indien. — Loutres dressées à la pêche. — Etrange sépulture des morts. — Culte du Gange.   34

CHAP. III. — Fête du Moharem. — Le pays d'Aoude. — Constantia; notice sur le général-major Martin. — Description du palais du nabab-visir d'Aoude. — Le sacrifice en mémoire d'Ismaël et d'Isaac. — Combat d'éléphants. — Un tigre vaincu dans cette lutte.   53

CHAP. IV. — Les hôtes du caravansérail. — Détails de mœurs et de coutumes relatifs aux Persans. — Richesses de la Perse. — Construction des maisons dans ce pays. — Festins chez les Persans. — Brigands des montagnes. — Statistique sommaire de la Perse.. 68

Chap. v. — La Circassie. — Signification du nom de *Tcherkesse*. — Religion, culte et mœurs des Tcherkesses ou Circassiens. — Peine infligée au parjure. —Fiançailles et mariages.— Danses des Tcherkesses. — Leurs médecins et leurs remèdes. — Bravoure des Tcherkesses. — Funérailles. — Steppes du Caucase incendiées. — Chasse aux ours et aux léopards. — Chacals ; anecdote à leur sujet. — Sauterelles. — Fêtes solennelles. — Effet du tonnerre sur les populations circassiennes. 80

Chap. vi. — Géorgie ; costumes des hommes et des femmes de ce pays. — Mingrélie ; costumes ; mariages des nobles. — Tartares-Koumouks ; funérailles. — Les adorateurs du feu. — Sibérie. — Statistique sommaire. — Le lac Baïkal. — Presqu'île du Kamtschatka ; ignorance religieuse de ses habitants. — Le soleil au milieu de la nuit. — Probité des Ostiakes. 100

Chap. vii. — Chine ; détails sur ce vaste empire. — Mœurs. — Fête de l'agriculture. — Grande muraille de la Chine. — Puits de feu. — Pékin. — Nankin. — Canton. — Anecdote. — Industries ambulantes ; dentistes et barbiers opérant dans les rues et sur les places. 115

Chap. viii. — Histoire des pirates chinois. — Leurs victoires sur les flottes de l'empereur de la Chine. — Leurs chefs et leur reine. — Par quels moyens le gouvernement les amène à faire leur soumission. 131

Chap. ix. — Le Japon ; sa situation ; ses productions. — Ses lois ; manière de rendre la justice. — Des princes et des différentes classes de ce pays. — Femmes japonaises. — Cérémonie du mariage. — Fête des lanternes. — Le point d'honneur chez les Japonais ; anecdote. — Cérémonies funèbres. 151

Chap. x. — Ambassade russe au Japon ; difficultés et

cérémonies à cet égard. — Lutteurs japonais. — Royaume de Siam. — Costume des soldats siamois. — Puissance absolue du roi de Siam. — Funérailles. — Législation; supplices. 167

CHAP. XI. — Royaume d'Ava; les Birmans; exécution des criminels. — Cérémonies bizarres. — Fourmis ailées. — Corneilles voleuses. — Funérailles des prêtres birmans. — Culture de ce pays. — Royaume de Tunquin. — Magiciens et magiciennes. — Royaume d'Achem; lois sévères.—Nation des Battas; anthropophagie. —Orang-outang.—La presqu'île de Corée. 175

CHAP. XII. — La chasse du tigre. — Description du Thibet. — Le grand-lama. — Dangers auxquels sont exposés les voyageurs qui veulent pénétrer dans le Thibet. — Funérailles des Thibétains. 195

CHAP. XIII. — L'Arabie; sa division géographique. — Turquie asiatique; la Natolie, la Syrie et ses divers pachaliks. — Damas. — Le pèlerinage de la Mèque. — Les ruines de Palmyre. — La Terre-Sainte ou Palestine. — Le Kurdistan, l'Arménie et l'Irac-Arabie. — Description du désert de Syrie. —Détails sur les Bédouins. — La loi du *talion*. 207

CHAP. XIV. — Tableau de la vie domestique des Arabes. — Comment ils exercent l'hospitalité; anecdotes à ce sujet. — Terribles effets du vent du désert. — L'art de la musique chez les Arabes. — Autruches; comment se fait leur chasse en Arabie. — Histoire arabe. 223

CHAP. XV. — Agra et Delhy, grandes et célèbres villes de l'ancien empire du Mogol. — Honneurs rendus aux singes.—Lahore. — Etats des seiks et des Radjepoutes. — Kachemyre; ses jardins flottants; comment on y conserve les essaims d'abeilles. — Feux follets sur les rives de l'Hindus. — Ormuz. 243

CHAP. XVI. — Pirates d'Ormuz; leurs cruautés; leur audace et leurs déprédations; comment on parvient à les exterminer. 256

CHAP. XVII. — Bombay; description de cette ville. — Coutumes des Parsis ou adorateurs du feu, qui l'habitent. — Goa; sa renommée d'autrefois. — L'empire du Mysore; quelques détails sur Hyder-Ali et Tippoo-Saheb.— Seringapatnam.— Danse ingénieuse du Mysore. 262

CHAP. XVIII. — Pagodes célèbres; celle de Tanjaor et celle d'Elephanta. — Haine des Cipayes contre les Anglais. — Pondichéry. — Côtes du Malabar. 276

CHAP. XIX. — L'île de Ceylan; mœurs de ses habitants. — Diverses castes des Chingalais. — Malabars de l'île de Ceylan.— Colombo; cause de l'insalubrité du climat de ce pays. 283

CHAP. XX. — Madras. — Visite au nabab du Carnate. — Situation présente de la plupart des princes indiens. — Mazulipatnam. — Hydrabad et Golconde. — Pagode de Jagernat. — Le Paria. — Conclusion. 296

www.ingramcontent.com/pod-product-compliance
Lightning Source LLC
Chambersburg PA
CBHW060458170426
43199CB00011B/1251